漫画から学ぶ生きる力

動物編

もくじ

タイトル＆著者《ちょしゃ》さくいん（五十音順《ごじゅうおんじゅん》）

巻頭特集《かんとうとくしゅう》

漫画家《まんがか》 松本零士《まつもとれいじ》が語《かた》る！

猫《ねこ》は生涯《しょうがい》大切《たいせつ》な家族《かぞく》 猫《ねこ》が幸《しあわ》せそうにしている家《いえ》は良《い》い家《いえ》です。

松本零士《まつもとれいじ》
1938年福岡県《ふくおかけん》生まれ。代表作《だいひょうさく》『宇宙戦艦《うちゅうせんかん》ヤマト』『銀河鉄道《ぎんがてつどう》999』『宇宙海賊《うちゅうかいぞく》キャプテンハーロック』『ザ・コクピット』『ガンフロンティア』『光速《こうそく》エスパー』『千年女王《せんねんじょおう》』『男《おとこ》おいどん』『聖凡人伝《せいぼんじんでん》』ほか多数《たすう》。

「猫《ねこ》は生涯《しょうがい》大切《たいせつ》な家族《かぞく》だ。だから、死《し》んでしまったときはとても悲《かな》しい、やるせない」

――松本先生《まつもとせんせい》、今回《こんかい》は『漫画《まんが》から学《まな》ぶ生《い》きる力《ちから》 動物編《どうぶつへん》』ということで、先生《せんせい》と関《かか》わりの深《ふか》い動物《どうぶつ》について、お話《はなし》を聞《き》かせてください。

関《かか》りの深《ふか》かった動物《どうぶつ》というと、なんといっても猫《ねこ》です。猫《ねこ》とは小《ちい》さいころから、どこに住《す》んでも、いつもいっしょでした。

私《わたし》は物心《ものごころ》ついたころの記憶《きおく》は、猫《ねこ》といっしょに暮《く》らしていたことです。2歳《さい》のときの記憶《きおく》なんですが、かまどの近《ちか》くにいたとき、いっしょにいた猫《ねこ》がネズミを追《お》いかけて縁側《えんがわ》から外《そと》に出《で》て、かわいそうにこごえて死《し》んでしまい、とてもショックでした。そのことをはっきりと覚《おぼ》えています。

昭和《しょうわ》19年《ねん》、私《わたし》たちの家族《かぞく》は明石《あかし》に住《す》んでいました。明石公園《あかしこうえん》のすぐ裏《うら》に家《いえ》があって、そこでも私《わたし》は猫《ねこ》といっしょに住《す》んでいました。私《わたし》の父《ちち》は軍《ぐん》のテストパイロットで、太平洋《たいへいよう》戦争《せんそう》がはじまり戦況《せんきょう》が悪化《あっか》していき、とうとう父《ちち》は南方《なんぽう》に出撃《しゅつげき》することになったのです。

そこで残《のこ》った家族《かぞく》は、空襲《くうしゅう》をさけて疎開《そかい》することになりました。疎開先《そかいさき》の四国《しこく》には猫《ねこ》は連《つ》れていけません。そこで子《こ》どもだった私《わたし》は、その猫《ねこ》と生涯《しょうがい》の別《わか》れをしなければいけませんでした。

――飼《か》っていた猫《ねこ》と引《ひ》っ越《こ》してお別《わか》れする話《はなし》は先生《せんせい》が描《えが》かれた漫画《まんが》『トラジマのミーめ』の中《なか》にも描《えが》かれていますよね。とても悲《かな》しいエピソードです。

はい、いつになってもあのときの別《わか》れは忘《わす》れられないです。だから漫《まん》画《が》に描《か》きました。

疎開《そかい》の日《ひ》、引《ひ》っ越《こ》しの車《くるま》が来《き》て、私《わたし》は荷物《にもつ》をかたづけ終《お》えてから、がらんとした家《いえ》の中《なか》にもどりました。最後《さいご》に私《わたし》はうちの中《なか》に入《はい》って、飼《か》っていた猫《ねこ》を探《さが》したんです。そのとき、猫《ねこ》はいつものように家《いえ》の中《なか》のかもいの上《うえ》に座《すわ》ってじっとこちらを見《み》ていました。猫《ねこ》はとてもりこうな動物《どうぶつ》です。だから、だいたい人間《にんげん》が何《なに》をしているのか、自分《じぶん》がどうなるのか、なんでもわかっています。

私《わたし》がその猫《ねこ》を引《ひ》っ越《こ》し先《さき》にどうしても連《つ》れていけないことも、それが生涯《しょうがい》の別《わか》れになることも猫《ねこ》はわかっていたのだと思《おも》います。猫《ねこ》はじっと私《わたし》の顔《かお》を見《み》ていました。その猫《ねこ》の目《め》が忘《わす》れられません。

四国《しこく》の疎開先《そかいさき》で戦争《せんそう》が終《お》わりました。戦後《せんご》、大阪《おおさか》も、そのほかの都市《とし》もみんな焼《や》け野原《のはら》になっていました。毎日《まいにち》食《た》べるものもなく、何《なに》もない貧《ます》しい時代《じだい》でした。私《わたし》は母《はは》と弟《おとうと》たちといっしょに、明日《あす》どうやって食《た》べていけばいいのかと、毎日必死《まいにちひっし》で考《かんが》えて暮《く》らしていました。そんなとき、戦争《せんそう》から2年《ねん》が経《た》ち、死《し》んだと思《おも》っていた父《ちち》が南方《なんぽう》から帰《かえ》ってきてくれたのです。

私《わたし》はこれで家族《かぞく》はなんとか助《たす》かったと思《おも》いました。父《ちち》が帰《かえ》ってきてくれたことで、その後《ご》、家族《かぞく》は北九州《きたきゅうしゅう》に引《ひ》っ越《こ》しました。そこでは、とても貧乏《びんぼう》な長屋《ながや》暮《ぐ》らしでしたが、家族《かぞく》みんなで寄《よ》り集《あつ》まって寝起《ねお》きして、とても楽《たの》しい毎日《まいにち》でした。その当《とう》時《じ》、子《こ》どもにとって貧《ます》しさはそんなに苦《く》ではありませんでした。日本中《にほんじゅう》が貧《ます》しかったのですから、どうってことはありません。長屋《ながや》の部屋《へや》には、拾《ひろ》ってきた猫《ねこ》5、6匹《ひき》と犬《いぬ》が2匹《ひき》いっしょに住《す》んでいました。猫《ねこ》たちは家族《かぞく》といっしょに寄《よ》せ集《あつ》まって寝《ね》ていました。だから猫《ねこ》たちも私《わたし》たちの家族《かぞく》でした。

ある日《ひ》、線路《せんろ》ぎわにあった家《いえ》の前《まえ》の道《みち》を、大《おお》きなシェパードを連《つ》れたおじさんが通《とお》りかかりました。その犬《いぬ》が、私《わたし》が連《つ》れていた雑種《ざっしゅ》の小型犬《こがたけん》にほえかかったのです。体格《たいかく》からしてもシェパードは圧倒的《あっとうてき》に大《おお》きいです。とてもかないっこありません。

そのときです。うちの中《なか》にいた猫《ねこ》と犬《いぬ》が突然玄関《とつぜんげんかん》から飛《と》び出《だ》してきて、みんなでそのシェパードを丸《まる》く取《と》りかこんだのです。

そしてそれぞれがシェパードに向《む》けて、うなり声《ごえ》をあげて威嚇《いかく》したんですね。

——猫《ねこ》もいっしょにですか、それはすごいですね。

今《いま》だから、笑《わら》い話《ばなし》になっちゃうけ

◀二階《にかい》の外《そと》の手《て》すりにつかまってミーミー泣《な》いていたのが、ミーくんとの運命的《うんめいてき》な出会《であ》いだった。

『トラジマのミーめ』
著《ちょ》：松本零士《まつもとれいじ》　発行《はっこう》：秋田書店《あきたしょてん》
1968年《ねん》「りぼん」掲載《けいさい》「アイアム　ミーくん」シリーズ1975「プリンセス」掲載《けいさい》の「トラジマのミーめ」シリーズを収録《しゅうろく》したミーくん作品集《さくひんしゅう》。

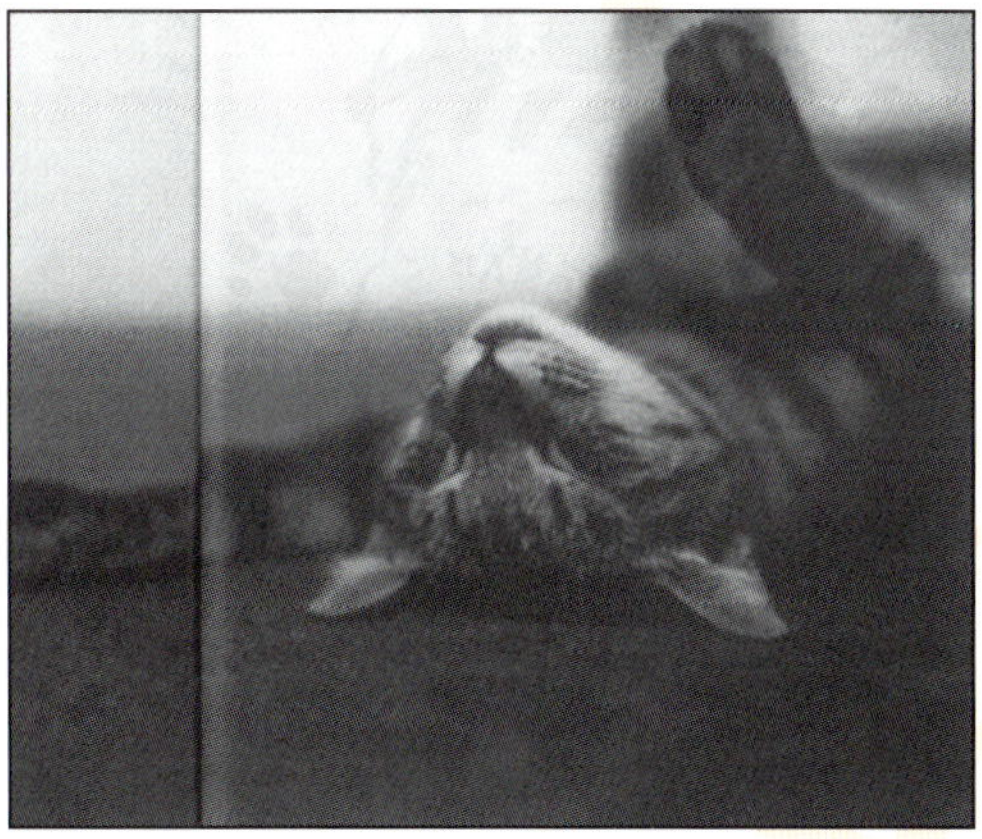

▶1963年《ねん》～1975年《ねん》一代目《いちだいめ》ミーくん。とても頭《あたま》のいい猫《ねこ》。お散歩《さんぽ》は家《いえ》の周辺《しゅうへん》5キロと歴代最大《れきだいさいだい》の行動半径《こうどうはんけい》。二階《にかい》の手《て》すりにつかまって登場《とうじょう》。

▶1978年《ねん》～1993年《ねん》2代目《だいめ》ミーくん。若《わか》い時《とき》はチータのようにスマートで野性的《やせいてき》な性格《せいかく》だった。元気《げんき》なじゃじゃ馬《うま》のミーくん。

ど、そのときは私《わたし》もびっくりしてね。シェパードが驚《おどろ》いてしっぽを足《あし》の間《あいだ》にはさんで、うろうろし始《はじ》めて後《うし》ろに下《さ》がっていくんですよ。その飼《か》い主《ぬし》が「こいつらは、なんなんだ、いったい!!」とうちの猫《ねこ》たちを指《ゆび》さしてさけんだのが、今《いま》でも忘《わす》れられません。犬《いぬ》はともかく、小《ちい》さな猫《ねこ》たちがシェパードを威嚇《いかく》しているんですから驚《おどろ》きました。

犬《いぬ》も猫《ねこ》も、いっしょに寝起《ねお》きしていると強《つよ》い連帯感《れんたいかん》、同族意識《どうぞくいしき》がめばえるんですね。あのとき、それがはっきりとわかりました。だって猫《ねこ》がシェパードにほえかかっていくなんて話《はなし》は、聞《き》いたことがありませんから。

◀1994年《ねん》～2013年《ねん》3代目《だいめ》ミーくん。オス猫《ねこ》。体重《たいじゅう》が8キロになった大猫中《おおねこちゅう》の大猫《おおねこ》。家族《かぞく》の身《み》を気《き》づかう心優《こころやさ》しい男《おとこ》の中《なか》の男《おとこ》。

――そうですね。心《こころ》が熱《あつ》くなるお話《はなし》です。

それから猫《ねこ》は主《あるじ》を気《き》づかってくれる動物《どうぶつ》です。私《わたし》がかぜをひいてせきをすると、飛《と》んできてくれる。「大丈夫《だいじょうぶ》?」と聞《き》いてくれているんでしょう。私《わたし》にとって猫《ねこ》は、とても親近感《しんきんかん》のある動物《どうぶつ》なんです。

高校生《こうこうせい》になって、私《わたし》は漫画《まんが》の仕事《しごと》を始《はじ》めました。猫《ねこ》は毎日私《まいにちわたし》が机《つくえ》に座《すわ》ると横《よこ》に座《すわ》ってその原稿《げんこう》を見《み》ていました。ある日《ひ》のこと、猫《ねこ》が食《た》べたものをはいているのを見《み》つけました。数日《すうじつ》して急《いそ》いで学校《がっこう》から帰《かえ》ってくると、猫《ねこ》は部屋《へや》の中《なか》でぐったりしているので、そのままずっと抱《だ》いていました。猫《ねこ》は私《わたし》にしがみついて、その日《ひ》そのまま息《いき》を引《ひ》き取《と》りました。看《み》とってやることはできましたが、とても悲《かな》しかったですね。猫《ねこ》は人間《にんげん》とくらべて短命《たんめい》なので、必《かなら》ず別《わか》れのときがやってきます。それは悲《かな》しいけれど、仕方《しかた》のないことなんです。寿命《じゅみょう》の長《なが》い猫《ねこ》で15、6年《ねん》ほどでしょうか。

その後《ご》、東京《とうきょう》に上京《じょうきょう》して、本格的《ほんかくてき》に漫画《まんが》の仕事《しごと》に取《と》り組《く》み始《はじ》めました。当時巣鴨《とうじすがも》に下宿《げしゅく》していた私《わたし》の部屋《へや》は2階《かい》にありました。ある日《ひ》窓《まど》の外《そと》で、子猫《こねこ》の泣《な》く声《こえ》が聞《き》こえたのです。私《わたし》はまさかと思《おも》って、2階《かい》の窓《まど》を開《あ》けてその声《こえ》の主《あるじ》を探《さが》しました。すると窓《まど》の外《そと》の手《て》すりにぶら下《さ》がっている子猫《こねこ》を見《み》つけたのです。その猫《ねこ》をそっと抱《だ》きかかえて部屋《へや》に入《い》れてあげました。猫《ねこ》は私《わたし》の胸《むね》にしがみついてはなれませんでした。それが私《わたし》とミー君《くん》との出会《であ》いでした。

――『トラジマのミーめ』の出会《であ》いのシーンですね。

そうです。ミー君《くん》はそうして私《わたし》のところにやってきたのです。私《わたし》は運命的《うんめいてき》な出会《であ》いを感《かん》じました。大家《おおや》さんになんとかミー君《くん》を飼《か》う許可《きょか》をいただき、それから私《わたし》はミー君《くん》が死《し》ぬまでいっしょに暮《く》らしました。ミー君《くん》はトラジマです。私《わたし》も寅年生《とらどしう》まれなので、それ以降《いこう》、私《わたし》はトラ猫《ねこ》を飼《か》うようになりました。

――「トラジマ」にはそういった意味《いみ》があったんですね。

ミー君《くん》はしっかりした頭《あたま》のいい猫《ねこ》

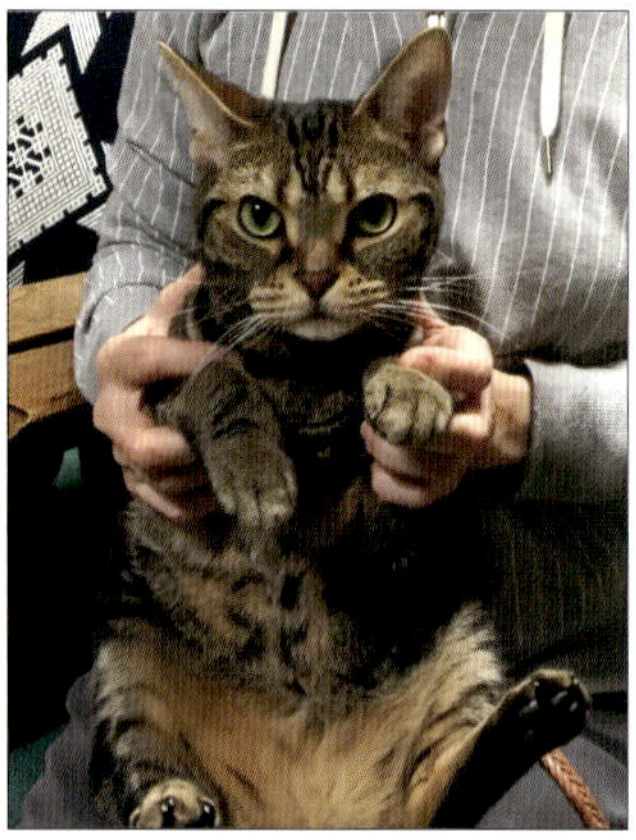

▶４代目《だいめ》ミーくん。2017年《ねん》現在《げんざい》、元気《げんき》にうちの中《なか》を走《はし》りまわっているトラ猫《ねこ》。家族《かぞく》みんなのアイドル。ミーくんはみんなかしこいトラ猫《ねこ》です。

▲「トラジマのミーめ」扉絵《とびらえ》のミーくん。イタリア版《ばん》でも取《と》り上《あ》げられた代表的《だいひょうてき》なミーくん画《が》。

でした。いつも私《わたし》の後《あと》をついてきました。階段《かいだん》もいっしょに降《お》ります。テレビのスイッチも押《お》せました。言葉《ことば》のわかる猫《ねこ》でした。足音《あしおと》でだれが来《く》るのかわかるんですよ。食事《しょくじ》の用意《ようい》をしてあげようと台所《だいどころ》に行《い》くと、台所《だいどころ》で待《ま》っているということもありました。

仕事《しごと》のときには、レコードプレーヤーか、机《つくえ》のまわりのどこかに座《すわ》って、私《わたし》のことを見《み》てくれていました。

親《おや》だと思《おも》ってくれているのか、いつも私《わたし》といっしょに寝《ね》ました。猫《ねこ》は家《いえ》の中《なか》で最《もっと》も親《した》しみのある人《ひと》といっしょに寝《ね》る動物《どうぶつ》です。

お風呂《ふろ》もいっしょに入《はい》りました。お湯《ゆ》を全然《ぜんぜん》怖《こわ》がらない猫《ねこ》で、私《わたし》といっしょに湯船《ゆぶね》につかって顔《かお》だけ出《だ》したり、洗面器《せんめんき》の上《うえ》にのせて湯船《ゆぶね》に入《い》れ、お船《ふね》にして浮《う》かせたりしていました。

漫画《まんが》を描《か》くときに使《つか》うインクはけっしてなめません。原稿用紙《げんこうようし》に墨《すみ》で押《お》してくれたミー君《くん》の足形《あしがた》が取《と》ってありますよ。

――「トラジマのミーめ」単行本《たんこうぼん》に足形《あしがた》が入《はい》っていますね。

そうです。それからミー君《くん》とも、別《わか》れのときがきました。ぐったりしてきてお医者《いしゃ》に連《つ》れていきましたがダメでした。ミー君《くん》は私《わたし》にしがみついてはなれませんでした。私《わたし》にぴったりくっついて左肩《ひだりかた》の上《うえ》で息《いき》を引《ひ》きとりました。私《わたし》はミー君《くん》のお墓《はか》を作《つく》って、供養《くよう》しました。

それから、ミー君《くん》の2代目《だいめ》、3代《だい》目《め》とトラジマの猫《ねこ》を飼《か》い続《つづ》けています。3代目《だいめ》は2015年《ねん》に亡《な》くなりました。今《いま》のミー君《くん》は4代目《だいめ》のトラジマのミー君《くん》です。ほかにもうちには白黒《しろくろ》の猫《ねこ》もいましたが、私《わたし》の経験《けいけん》上《じょう》トラジマのほうが頭《あたま》がいいです。

今《いま》までいろんなところにおじゃましていろんな猫《ねこ》を見《み》てきました。猫《ねこ》は敏感《びんかん》な動物《どうぶつ》です。人間《にんげん》の感情《かんじょう》や動《うご》きにはっきり反応《はんのう》します。猫《ねこ》が幸《しあわ》せに暮《く》らしている家庭《かてい》は良《い》い家《いえ》だと思《おも》います。

――ミー君《くん》は、先生《せんせい》のほかの作品《さくひん》にもたくさん登場《とうじょう》していますよね。

そう。『宇宙戦艦《うちゅうせんかん》ヤマト』では佐渡《さど》酒造《さけぞう》のところにいました。それから『キャプテンハーロック』にも登場《とうじょう》していますし、本当《ほんとう》にたくさんの作品《さくひん》でミー君《くん》はがんばってくれています。

――『トラジマのミーめ』の中《なか》には練馬《ねりま》の新興住宅街《しんこうじゅうたくがい》の風景《ふうけい》が描《えが》かれていますよね。

あれは、私《わたし》が練馬《ねりま》の大泉学園《おおいずみがくえん》に移《うつ》り住《す》んだときに、家《いえ》から大泉学園《おおいずみがくえん》の駅《えき》のほうを見《み》た景色《けしき》なんです。はじめは民家《みんか》だけだったんだけど、ミー君《くん》の連載《れんさい》でお話《はなし》が進《すす》むうちに、次々《つぎつぎ》とビルが建《た》ってきたので、風景《ふうけい》が変《か》わっていきました。

――当時《とうじ》の急速《きゅうそく》に進《すす》んでいく練馬《ねりま》の建築《けんちく》ラッシュの変化《へんか》が、ミー君《くん》の作《さく》中《ちゅう》で描《えが》かれているのですね。

あのころは、空《あ》き地《ち》が多《おお》くて、猫《ねこ》

◀▲西武線《せいぶせん》に2009年《ねん》から登場《とうじょう》した松本零士《まつもとれいじ》描《か》きおろしキャラクター。ミーくんもいるよ。

▲松本零士《まつもとれいじ》かわいい動物《どうぶつ》キャラクターの切手《きって》シート。

◀松本零士《まつもとれいじ》ロマンコレクションから、「トチローと鳥《とり》さん」他《ほか》にも鳥《とり》さんはハーロックなどのキャラクターと多数立体化《たすうりったいか》されています。

の遊《あそ》べる広場《ひろば》とか、畑《はたけ》もたくさんあったんです。そこに、びっしりと家《いえ》が建《た》ってしまいました。のら猫《ねこ》の住《す》みづらい街《まち》になっていったんです。

　それでも猫《ねこ》は人間《にんげん》の家族《かぞく》であることに変《か》わりはないと思《おも》います。

——猫《ねこ》のほかに心《こころ》に残《のこ》っている動物《どうぶつ》はいますか？

「鳥《とり》さん」かな。キャプテンハーロックの肩《かた》にとまっている「鳥《とり》さん」です。あの鳥《とり》のモデルになった鳥《とり》は、私《わたし》が巣鴨《すがも》に下宿《げしゅく》して漫画《まんが》を描《か》いていたころに出会《であ》ったんです。仕事《しごと》をしていると近《ちか》くのうちから「おーい、おーい」と人間《にんげん》のようで、そうでないような奇妙《きみょう》な大声《おおごえ》が聞《き》こえてきたのです。

　その声《こえ》の正体《しょうたい》が気《き》になった私《わたし》は、声《こえ》の聞《き》こえるうちを訪《たず》ねました。声《こえ》の正体《しょうたい》は全身《ぜんしん》が黒《くろ》くて大《おお》きな鳥《とり》でした。くちばしが長《なが》くて黄色《きいろ》い、ちょうど「鳥《とり》さん」のような感《かん》じです。違《ちが》いがあるとすれば漫画《まんが》では首《くび》が長《なが》く、細《ほそ》く描《えが》かれていますが、あれほど長《なが》くはありません。その鳥《とり》は以前《いぜん》南米《なんべい》の貨物船《かもつせん》で飼《か》われていた鳥《とり》でした。船《ふね》の上《うえ》で船員《せんいん》たちが「おーい、おーい」とか言《い》っている声《こえ》を覚《おぼ》えてしまったのだと言《い》われました。帰《かえ》ってから気《き》になってその鳥《とり》の種類《しゅるい》を図鑑《ずかん》で探《さが》しましたが、何《なん》だったのか、それは今《いま》でもわかりません。

——そうだったんですね。いずれ種類《しゅるい》がわかるといいですね。それでも「鳥《とり》さん」は鳥《とり》さんで変《か》わらないですから。

　そう、もう「鳥《とり》さん」というイメージで固《かた》まってるから変《か》わりようがないです。

——本日《ほんじつ》は貴重《きちょう》なお話《はなし》をお聞《き》かせいただきありがとうございました。

「ご主《しゅ》人《じん》や……このダンボールのことがとてもなつかしくなってきたんだ」

▶10年《ねん》ぶりに帰《かえ》ってきたチビトラは、昔《むかし》をなつかしみながらダンボールで眠《ねむ》りました。

ミーくんが家《いえ》にやってきた。

4人家族《にんかぞく》に拾《ひろ》われたとらじまの子猫《こねこ》は、メス猫《ねこ》なのにとらじまの顔《かお》がオスのようなのと、ミーミーと鳴《な》く鳴《な》き声《ごえ》から、「ミーくん」と名《な》づけられました。お父《とう》さんは自分《じぶん》の名前《なまえ》を知《し》らせた猫《ねこ》は歴史上初《れきしじょうはじ》めてだとミーくんのことを自慢《じまん》しています。

近所《きんじょ》にはのら猫《ねこ》や飼《か》い猫《ねこ》がたくさんいました。飼《か》い猫《ねこ》も自由《じゆう》に外《そと》を歩《ある》いていることが多《おお》い時代《じだい》だったのです。ミーくんの近所《きんじょ》のオス猫《ねこ》たちはミーくんがかわいいのでミーくんのうちの天井裏《てんじょううら》や家《いえ》のまわりにおしっこをたくさんかけます。だからミーくんの住《す》んでいるおうちはとっても猫《ねこ》のおしっこくさくなってしまいました。

チビトラが家《いえ》に帰《かえ》ってきた。

ある日《ひ》、物《もの》音《おと》がするのでミーくんが2階《かい》に上《あ》がってみると、昔《むかし》ここに住《す》んでいたチビトラが、雨《あめ》にぬれて家《いえ》に帰《かえ》ってきていました。お父《とう》さんは大喜《おおよろこ》びでチビトラを抱《だ》きしめました。お父《とう》さんは、チビトラがいつ帰《かえ》ってきてもいいように、チビトラが子《こ》どものころ寝《ね》ていたダンボールをそのままにしてあったのです。チビトラはなつかしそうにそこで寝《ね》ました。

チビトラは年《とし》をとり体《からだ》の自《じ》由《ゆう》がきかなくなって、むしょうに小《ちい》さいころ住《す》んでいたこの家《いえ》がなつかしくなってもどってきたのでした。お父《とう》さんはチビトラに好《こう》物《ぶつ》のアジをいっぱい買《か》ってきましたが、チビトラはすでにどこかに行《い》ってしまっていました。死《し》ぬところを見《み》られたくなかったのです。

その後《ご》、ミーくんがこのうちに来《き》て14年《ねん》がたち、とうとうみんなとお別《わか》れのときがやってきました。お父《とう》さんは病《びょう》院《いん》から引《ひ》き取《と》った弱《よわ》ったミーくんを24時《じ》間《かん》しっかり抱《だ》いていました。お母《かあ》さんや娘《むすめ》のあつ子《こ》もみんなミーくんの近《ちか》くにつきそっていました。

そうしてミーくんは家《か》族《ぞく》の見《み》守《まも》る中《なか》、遠《とお》いところに旅《たび》立《だ》っていったのでした。家《か》族《ぞく》に愛《あい》されたミーくんの一《いっ》生《しょう》は楽《たの》しくて自《じ》由《ゆう》でした。そしてみんなに愛《あい》をくれたのでした。

ミーくんのお墓《はか》は今《いま》もお庭《にわ》の中《なか》にあります。

イタリアでも大人気《だいにんき》「トラジマのミーめ」

「Torajima no Mime」というタイトルでイタリアで発《はつ》売《ばい》された(2016年《ねん》)「トラジマのミーめ」は、海《かい》外《がい》でも大《だい》人《にん》気《き》です。Mi-kun(ミーくん)の活《かつ》躍《やく》は世《せ》界《かい》に広《ひろ》まっています。

作《さく》品《ひん》紹《しょう》介《かい》

『トラジマのミーめ』

著《ちょ》：松《まつ》本《もと》零《れい》士《じ》　発《はっ》行《こう》：秋《あき》田《た》書《しょ》店《てん》

1975年《ねん》から1977年《ねん》にかけて「プリンセス」にて描《えが》かれた『トラジマのミーめ』と1968年《ねん》「りぼん」にて描《えが》かれた「ミーくん」シリーズが収《しゅう》録《ろく》された単《たん》行《こう》本《ぼん》。2001年《ねん》に文《ぶん》庫《こ》版《ばん》で再《さい》販《はん》された。

松《まつ》本《もと》零《れい》士《じ》が東《とう》京《きょう》都《と》練《ねり》馬《ま》区《く》大《おお》泉《いずみ》学《がく》園《えん》に越《こ》してきた時《じ》代《だい》の自《じ》宅《たく》近《ふ》辺《きん》を背《はい》景《けい》に、初《しょ》代《だい》ミーくんとミーくんを飼《か》っている家《か》族《ぞく》の心《こころ》のつながりを描《えが》いた作《さく》品《ひん》。「ミーくん」シリーズは、ミーくんと別《べつ》の飼《か》い主《ぬし》の出《で》会《あ》いと別《わか》れが描《えか》かれている。

著《ちょ》者《しゃ》プロフィール

松《まつ》本《もと》零《れい》士《じ》

1938年《ねん》福《ふく》岡《おか》県《けん》生《う》まれ。代《だい》表《ひょう》作《さく》『宇《う》宙《ちゅう》戦《せん》艦《かん》ヤマト』『銀《ぎん》河《が》鉄《てつ》道《どう》999』『宇《う》宙《ちゅう》海《かい》賊《ぞく》キャプテンハーロック』『ザ・コクピット』『ガンフロンティア』『光《こう》速《そく》エスパー』『千《せん》年《ねん》女《じょ》王《おう》』『男《おとこ》おいどん』『聖《せい》凡《ぼん》人《じん》伝《でん》』ほか多《た》数《すう》。

「私《わたし》は何《なに》よりもお前《まえ》のその深《ふか》い愛《あい》情《じょう》ゆえの誇《ほこ》り高《たか》い死《し》に……心《こころ》打《う》たれた」

シートンは、誇《ほこ》り高《たか》き狼王《おおかみおう》『ロボ』と知力《ちりょく》をつくして戦《たたか》うこととなる。

イギリス人《じん》の青年《せいねん》、シートンは、自然《しぜん》に対《たい》する人間《にんげん》の傲慢《ごうまん》さを示《しめ》した、人《ひと》の頭骨《とうこつ》をかじる狼《おおかみ》の絵《え》「オオカミの勝利《しょうり》」という絵画《かいが》をパリのサロンで発表《はっぴょう》したものの、〝神《かみ》ではなく自然《しぜん》が支配者《しはいしゃ》であると主張《しゅちょう》するに等《ひと》しい〟と批判《ひはん》され、手《て》ひどい評価《ひょうか》を受《う》けます。自然《しぜん》や動物《どうぶつ》を神聖《しんせい》とする考《かんが》えが認《みと》められない時代《じだい》でした。

画壇《がだん》に失望《しつぼう》し、少年期《しょうねんき》を過《す》ごしたアメリカ大陸《たいりく》にわたったシートンは、知人《ちじん》の牧場《ぼくじょう》主《ぬし》から、博物学《はくぶつがく》や、猟《りょう》に関《かん》する知識《ちしき》と経験《けいけん》をたよられ、家畜《かちく》をおそい、ウルバー（プロの狼猟師《おおかみりょうし》）たちをしりぞけ続《つづ》け、莫大《ばくだい》な賞《しょう》金《きん》がかけられた狼王《おおかみおう》「ロボ」を狩《か》ってほしい

◀捕《と》らわれた狼王《おおかみおう》は人間《にんげん》の与《あた》えたエサを、ひとくちも食《た》べることなく誇《ほこ》り高《たか》く死《し》んだ。シートンはロボの生《い》きざまから本当《ほんとう》に多《おお》くのことを学《まな》んだ。

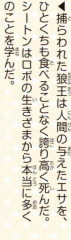

シートン 第《だい》1章《しょう》―旅《たび》するナチュラリスト

と頼《たの》まれます。

シートンは、ロボが悪魔《あくま》やル・ガルー（狼《おおかみ》人間《にんげん》）と言《い》われるほど賢《かしこ》く、群《む》れの仲間《なかま》を絶対《ぜったい》の統率力《とうそつりょく》で自在《じざい》に操《あやつ》って狩《か》りを行《おこな》い、狼狩《おおかみが》りの訓練《くんれん》を受《う》けた猟犬《りょうけん》の大群《たいぐん》をもしりぞけ、罠《わな》や毒《どく》を完璧《かんぺき》に見抜《みぬ》く能力《のうりょく》を持《も》つことを調査《ちょうさ》で知《し》り、ロボと知力《ちりょく》をつくして戦《たたか》えることに興奮《こうふん》を感《かん》じていました。

ロボは銃《じゅう》の射程距離内《しゃていきょりない》には決《けっ》して入《はい》ってこないことから、シートンは狼《おおかみ》の行動習性《こうどうしゅうせい》を利用《りよう》した、毒餌《どくじ》と鉄罠《てつわな》の大量配置《たいりょうはいち》による物量作戦《ぶつりょうさくせん》に出《で》ます。絶対《ぜったい》に人間《にんげん》の臭《にお》いを残《のこ》さぬよう、知恵《ちえ》と工夫《くふう》と細心《さいしん》の注意《ちゅうい》で綿密《めんみつ》に罠《わな》を配置《はいち》しますが、ロボはお見通《みとお》しと言《い》わんばかりに、すべての仕掛《しか》けを突破《とっぱ》、排《はい》泄物《せつぶつ》を残《のこ》し、エサだけ持《も》ち去《さ》ります。

もはや人間《にんげん》の英知《えいち》ではロボには勝《か》てぬとあきらめかけたとき、シートンは足跡《あしあと》から群《む》れの一頭《いっとう》だけをロボが甘《あま》くあつかっていることに気《き》づきます。それはロボの妻《つま》「ブランカ」でした。狼王《おおかみおう》の弱点《じゃくてん》は当時《とうじ》は獣《けもの》にはないと考《かんが》えられていた人間《にんげん》のような「感情《かんじょう》」でした。

シートンは卑怯《ひきょう》を承知《しょうち》でブランカを罠《わな》にかけ、さらにブランカをエサに気《き》が動転《どうてん》したロボをおびき寄《よ》せ、ついにとらえます。

この物語《ものがたり》でシートンは、人間《にんげん》だけが神《かみ》の子《こ》であるかのように考《かんが》える傲慢《ごうまん》さに、警告《けいこく》を発《はっ》したのかもしれません。動物《どうぶつ》にも知性《ちせい》や感情《かんじょう》があり、かがやくような生《い》きる力《ちから》を持《も》っているのです。

シートンは、「このロボの存在《そんざい》は　人間《にんげん》の理不尽《りふじん》な攻撃《こうげき》に対抗《たいこう》する　新《あたら》しい野性《やせい》の知《ち》恵《え》なのかもしれない――」と考《かんが》え、おそれるとともに深《ふか》く敬意《けいい》を払《はら》うのでした。

『シートン動物記《どうぶつき》』とは？

本作《ほんさく》の原作《げんさく》『ロボ　カランポーの王《おう》(Lobo, the King of Currumpaw)』を含《ふく》む、55篇《へん》の動物物語《どうぶつものがたり》を中心《ちゅうしん》とした、アーネスト・トンプソン・シートンの作品群《さくひんぐん》。『シートン動物記《どうぶつき》』は、日本独自《にほんどくじ》の呼《よ》び方《かた》です。一説《いっせつ》には、先《さき》に翻訳《ほんやく》され、広《ひろ》く知《し》られていた、『ファーブル昆虫記《こんちゅうき》』を参考《さんこう》にした書名《しょめい》とも言《い》われています。

シートンは、19世紀後半《せいきこうはん》のイギリス出身《しゅっしん》の動物《どうぶつ》を画題《がだい》とした画《が》家《か》で、ナチュラリスト（自然愛好家《しぜんあいこうか》／博物学者《はくぶつがくしゃ》）。博物学《はくぶつがく》の研究《けんきゅう》や、ボーイスカウトの創設《そうせつ》など、北米大陸《ほくべいたいりく》を中心《ちゅうしん》に世界《せかい》で活躍《かつやく》するかたわら、小説家《しょうせつか》としても活動《かつどう》し、自《みずか》らの体験《たいけん》や現地《げんち》で見聞《みき》きしたことをもとに物語《ものがたり》として書《か》き上《あ》げた、数々《かずかず》の動物《どうぶつ》ものの短篇《たんぺん》を発表《はっぴょう》しました。

著者《ちょしゃ》プロフィール

作画《さくが》：谷口《たにぐち》ジロー

１９４７年生《ねんう》まれ。鳥取県出身《とっとりけんしゅっしん》。１９９１年《ねん》、『犬《いぬ》を飼《か》う』にて、第《だい》37回《かい》 小学館漫画賞審査員特別賞《しょうがくかんまんがしょうしんさいんとくべつしょう》を受賞《じゅしょう》。１９９８年《ねん》、『「坊《ぼ》っちゃん」の時代《じだい》』にて、第《だい》2回手塚《かいてづか》治虫文化賞《おさむぶんかしょう》マンガ大賞《たいしょう》を受賞《じゅしょう》。２０１１年《ねん》、フランス政府芸術文化勲章《せいふげいじゅつぶんかくんしょう》シュヴァリエ章《しょう》を授章《じゅしょう》。代表作《だいひょうさく》に、久住昌之原作《くすみまさゆきげんさく》の『孤独《こどく》のグルメ』、関川夏央原作《せきかわなつおげんさく》の『事件《じけん》屋稼業《やかぎょう》』、夢枕獏原作《ゆめまくらばくげんさく》の『神々《かみがみ》の山嶺《いただき》』などがある。

作品《さくひん》紹介《しょうかい》

『シートン 第《だい》1章《しょう》―旅《たび》するナチュラリスト』

作画《さくが》：谷口《たにぐち》ジロー　原案《げんあん》：今泉吉晴《いまいずみよしはる》

19世紀末《せいきまつ》、動物《どうぶつ》を画題《がだい》とする画家《がか》にして、猟経験豊富《りょうけいけんほうふ》なナチュラリスト（自然愛好家《しぜんあいこうか》／博物学者《はくぶつがくしゃ》）の若者《わかもの》シートンは、パリの画壇《がだん》に失望《しつぼう》し故郷《こきょう》のアメリカ大陸《たいりく》に帰《かえ》ることとなった。

彼《かれ》の猟《りょう》の知識《ちしき》と経験《けいけん》に期待《きたい》する知《し》り合《あ》いの牧場主《ぼくじょうぬし》から、莫大《ばくだい》な賞金《しょうきん》がかけられた狼《おおかみ》王《おう》「ロボ」を狩《か》ることを依頼《いらい》される。興味《きょうみ》をもったシートンは依頼《いらい》を引《ひ》き受《う》け、知力《ちりょく》をつくして狼《おおかみ》の王《おう》と向《む》き合《あ》うことになる。

（この鹿《しか》を肉《にく》にすることで何《なに》か掴《つか》めるかも…）

主人公《しゅじんこう》の八軒勇吾《はちけんゆうご》が都会《とかい》の受験戦争《じゅけんせんそう》から逃《に》げ、進学《しんがく》した農業高校《のうぎょうこうこう》で学《まな》んだこととは？

農業高校《のうぎょうこうこう》に進学《しんがく》した八軒勇吾《はちけんゆうご》は、自分《じぶん》の進《すす》む進路《しんろ》に大《おお》きな不安《ふあん》や疑問《ぎもん》、迷《まよ》いを抱《かか》えていました。実家《じっか》が養鶏業《ようけいぎょう》を営《いとな》んでいる級友《きゅうゆう》の常盤《ときわ》に、八軒《はちけん》は「夢《ゆめ》をかなえるために覚悟《かくご》とか持《も》ってんのか？」と聞《き》きます。常盤《ときわ》は、覚悟《かくご》はいると答《こた》え、同時《どうじ》に迷《まよ》っている八軒《はちけん》にそんなこと聞《き》くくらいなら「リスクの無《な》い所《ところ》に就職《しゅうしょく》しろよ」と彼《かれ》をさとします。それに対《たい》し「リスクの伴《ともな》わない仕事《しごと》なんて無《な》いだろ」という正論《せいろん》を言《い》う友人《ゆうじん》の意見《いけん》が交《か》わされるのでした。

豚《ぶた》の厩舎《きゅうしゃ》を見学《けんがく》に行《い》った八軒《はちけん》は、そこで

◀鹿《しか》の解体《かいたい》にふみだせない八軒《はちけん》は、級友《きゅうゆう》たちの言葉《ことば》を思《おも》い出《だ》して、ついに腹《はら》をくくるのでした。

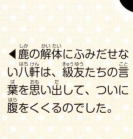

母豚《ははぶた》から乳《ちち》をもらう子豚《こぶた》の中《なか》に一《いっ》匹《ぴき》育《そだ》ちの悪《わる》い子豚《こぶた》を見《み》つけます。豚《ぶた》の乳《ちち》は胸《むね》側《がわ》の方《ほう》が多《おお》く出《で》て、尻《しり》側《がわ》のほうが出《で》が少《すく》ないと教《きょう》官《かん》に教《おそ》わります。そして成長《せいちょう》が悪《わる》いのは、乳首《ちくび》を取《と》る競争《きょうそう》に負《ま》けた子豚《こぶた》が乳《ちち》の多《おお》く出《で》る乳首《ちくび》を取《と》れなかったことに原因《げんいん》があることを知《し》ります。

都会《とかい》の受験戦争《じゅけんせんそう》から逃《のが》れるように農業高《のうぎょうこう》校《こう》に入《はい》った八軒《はちけん》は、教官《きょうかん》の「お前《まえ》たちはこうなるなよ」という一言《ひとこと》が胸《むね》に突《つ》き刺《さ》さりました。彼《かれ》は子豚《こぶた》に「豚丼《ぶたどん》」と名前《なまえ》をつけて卒《そつ》業《ぎょう》まで面倒《めんどう》を見《み》たいと級友《きゅうゆう》たちに話《はな》しますが、農家《のうか》の娘《むすめ》・御《み》影《かげ》アキに子豚《こぶた》に名前《なまえ》をつけることを止《と》められます。その理由《りゆう》は、そこにいる子豚《こぶた》たちは3ヵ月後《げつご》には、食用《しょくよう》として殺《ころ》される運命《うんめい》にあったからです。

そんな優柔不断《ゆうじゅうふだん》さと畜産《ちくさん》に対《たい》しての甘《あま》さが強《つよ》く残《のこ》る八軒《はちけん》は、迷《まよ》いを引《ひ》きずったまま夏休《なつやす》みをむかえます。実家《じっか》に帰《かえ》りたくない彼《かれ》はアキのさそいでアキの実家《じっか》の農家《のうか》を手《て》伝《つだ》うことになります。

アキのところにバイトに行《い》った彼《かれ》は、実《じつ》家《か》にメールを送《おく》れないことに気《き》をとられて仕事《しごと》に身《み》が入《はい》りません。そんな彼《かれ》に、アキのおじさんは、車《くるま》ではねられて死《し》んでしまった鹿《しか》の解体《かいたい》を命《めい》じます。バイトに来《き》たばかりでいきなり大《おお》きな仕事《しごと》を命《めい》じられた八軒《はちけん》はちゅうちょします。鹿《しか》の解体《かいたい》は教科《きょうか》書《しょ》に書《か》いてないと、なんとか解体作業《かいたいさぎょう》を断《ことわ》る口実《こうじつ》を探《さが》していた彼《かれ》に、おじさんは「君《きみ》の人生《じんせい》は教科書《きょうかしょ》に全部《ぜんぶ》書《か》いてあるのかい?」と問《と》いかけるのでした。

それでも八軒《はちけん》は包丁《ほうちょう》を手《て》に持《も》ちながら、なかなか解体《かいたい》にふみだせません。彼《かれ》の頭《あたま》の中《なか》には、自分《じぶん》は都会《とかい》から農業高校《のうぎょうこうこう》に逃《に》げてきたとか、仕事《しごと》に身《み》が入《はい》っていないという周囲《しゅうい》からの言葉《ことば》がまわっていました。子豚《こぶた》「豚丼《ぶたどん》」の問題《もんだい》も心《こころ》の中《なか》で解決《かいけつ》されていないのでした。鹿《しか》を見《み》つめて時間《じかん》がかかって解《かい》体《たい》にふみだせないでいる八軒《はちけん》に周囲《しゅうい》があきらめかけたころ、（この鹿《しか》を肉《にく》にすることで何《なに》か掴《つか》めるかも…）と腹《はら》をくくった八軒《はちけん》は初《はじ》めての鹿《しか》の解体作業《かいたいさぎょう》を始《はじ》めるのでした。

始《はじ》めると彼《かれ》は迷《まよ》いが吹《ふ》き飛《と》んだように、教《おし》えられるままに、指示通《しじどお》りの解体作業《かいたいさぎょう》を終《お》わらせることができました。その鹿《しか》の肉《にく》を食卓《しょくたく》で食《た》べる八軒《はちけん》の表情《ひょうじょう》は、自分《じぶん》の中《なか》の迷《まよ》いが晴《は》れたようなすっきりしたものに変《か》わっていたのです。

作品《さくひん》紹介《しょうかい》

『銀《ぎん》の匙《さじ》 Silver《シルバー》 Spoon《スプーン》』

著《ちょ》：荒川弘《あらかわひろむ》　発行《はっこう》：小学館《しょうがくかん》

中学《ちゅうがく》を卒業《そつぎょう》し親元《おやもと》を離《はな》れて、自分《じぶん》の生《い》き方《かた》を見《み》つけたいと思《おも》った少年《しょうねん》、八軒勇吾《はちけんゆうご》は大自然《だいしぜん》にかこまれた大蝦夷農業高校《おおえぞのうぎょうこうこう》の寮《りょう》に入《はい》る。そこで彼《かれ》は農林畜産《のうりんちくさん》業《ぎょう》を志《こころざ》す新《あたら》しい友達《ともだち》を作《つく》り、多《おお》くの動物《どうぶつ》たちの生《せい》態《たい》に触《ふ》れて、自分《じぶん》が目指《めざ》すものを模索《もさく》していく。

都会育《とかいそだ》ちで、土《つち》とふれあうことのなかった八軒《はちけん》にとって、農業高校《のうぎょうこうこう》での日々《ひび》は、衝撃《しょうげき》の連続《れんぞく》だった。そんな彼《かれ》が、馬術部《ばじゅつぶ》に所属《しょぞく》する農家《のうか》の娘《むすめ》・御影《みかげ》アキと知《し》り合《あ》ったことをきっかけに、農業《のうぎょう》に対《たい》して気持《きも》ちをひらいていく。

著者《ちょしゃ》プロフィール

荒川弘《あらかわひろむ》

1973生《う》まれ。漫画家《まんがか》。代表作《だいひょうさく》は『鋼《はがね》の錬金術師《れんきんじゅつし》』『獣《じゅう》神演武《しんえんぶ》』（原案《げんあん》：黄金周《ふぁん・ちん・ちょー》、シナリオ：社稜《やしろりょう》）『百姓貴族《ひゃくしょうきぞく》』『アルスラーン戦記《せんき》』ほか多数《たすう》。『銀《ぎん》の匙《さじ》 Silver《シルバー》 Spoon《スプーン》』は第《だい》5回《かい》マンガ大賞《たいしょう》、第《だい》58回《かい》小学館漫画賞《しょうがくかんまんがしょう》少年《しょうねん》向《む》け部門《ぶもん》、第《だい》1回《かい》「コンテンツ・アワード・オブ・ジャパン・フード・カルチャー」大賞《たいしょう》を受賞《じゅしょう》。

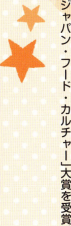

「「優秀《ゆうしゅう》さ」なんて簡単《かんたん》に決《き》められるものじゃない。それぞれがぴったりな居場所《いばしょ》を見《み》つけることが大切《たいせつ》なのさ!!」

▶渚《なぎさ》の周《まわ》りにはのら犬《いぬ》だけでなく、ポニーやウサギなど人《ひと》になついている動物《どうぶつ》たちが集《あつ》まっていました。

事故《じこ》で家族《かぞく》を亡《な》くした少年《しょうねん》・船導渚《せんどうなぎさ》は、ストレス障害《しょうがい》の治療《ちりょう》にあたった叔父《おじ》の影響《えいきょう》でアニマルセラピストを目指《めざ》す。

12歳《さい》のとき、交通事故《こうつうじこ》で家族《かぞく》を亡《な》くした、主人公《しゅじんこう》の船導渚《せんどうなぎさ》は、ストレスをかかえた人《ひと》や動物《どうぶつ》からの、共鳴《きょうめい》のような「音《おと》」を聞《き》くことができるようになり、この能力《のうりょく》は自分《じぶん》を守《まも》って死《し》んだ母《はは》からの贈《おく》り物《もの》だと思《おも》うようになります。そして、精神科医《せいしんかい》の叔父《おじ》の動物介在療法《どうぶつかいざいりょうほう》（アニマル・アシステッド・セラピー）を受《う》けたことで、事故《じこ》による急性《きゅうせい》ストレス障害《しょうがい》を軽《かる》くすることができた彼《かれ》は、自分《じぶん》もアニマルセラピストを目指《めざ》すのでした。

大学《だいがく》3年生《ねんせい》になった渚《なぎさ》は、沖縄《おきなわ》にある大《だい》学《がく》の教授《きょうじゅ》である叔父《おじ》の誘《さそ》いを受《う》けて、アニマルセラピー研究室《けんきゅうしつ》に所属《しょぞく》することになります。そこで動物行動学者《どうぶつこうどうがくしゃ》の織島教授《おりしまきょうじゅ》から指導《しどう》を受《う》けながら、学生仲間《がくせいなかま》たちと実地研《じっちけん》修《しゅう》をつんでいくことになります。

動物《どうぶつ》がお医者《いしゃ》さん!?

動物《どうぶつ》も、それぞれに様々《さまざま》な性格《せいかく》がある。人《ひと》の都合《つごう》で仕事《しごと》をしてもらうときは、それを見極《みきわ》めることが大切《たいせつ》。

渚《なぎさ》に続《つづ》き、アニマルセラピー研究室《けんきゅうしつ》への所《しょ》属《ぞく》を希望《きぼう》してきたのは、小石川《こいしかわ》という男子学《だんしがく》生《せい》でした。しかし彼《かれ》は、すでにほかの研究室《けんきゅうしつ》から所属《しょぞく》を断《ことわ》られて、自信《じしん》を失《うしな》っていました。そんなふたりに、面接試験《めんせつしけん》として出《だ》された課題《かだい》は、動物《どうぶつ》とふれ合《あ》うことで対象者《たいしょうしゃ》の心《こころ》にうるおいを与《あた》える「動物介在活動《どうぶつかいざいかつどう》」に適《てき》した動物《どうぶつ》を探《さが》すというものでした。

アニマルセラピーのことを何《なに》も知《し》らず、なにをしたらいいかわからない小石川《こいしかわ》は、成《な》り行《ゆ》きで織島《おりしま》教授《きょうじゅ》の娘《むすめ》でドッグトレーナーの織島星乃《おりしまほしの》とチームを組《く》むことになります。小石川《こいしかわ》と星乃《ほしの》は、優秀《ゆうしゅう》な警察犬《けいさつけん》を選《えら》び織島教授《おりしまきょうじゅ》に見《み》せます。一方《いっぽう》、渚《なぎさ》は学内《がくない》に出《で》る人《ひと》なつっこい、のら犬《いぬ》を選《えら》びました。渚《なぎさ》はかつて叔父《おじ》に言《い》われた「救《すく》うことは救《すく》われることなんだよ」という言葉《ことば》と、人《ひと》とふれあうことを苦痛《くつう》と感《かん》じない動物《どうぶつ》、つまり人《ひと》になれた「人間好《にんげんず》き」な動物《どうぶつ》が適《てき》していると考《かんが》えた、と説明《せつめい》します。

その答《こた》えをほめる教授《きょうじゅ》に、「警察犬《けいさつけん》は駄目《だめ》な犬《いぬ》なのか」と星乃《ほしの》は問《と》います。教授《きょうじゅ》は警《けい》察犬《さつけん》、動物介在活動《どうぶつかいざいかつどう》、それぞれに向《む》いた気《き》質《しつ》があるだけで、どちらが優秀《ゆうしゅう》かではなく、「それぞれがぴったりな居場所《いばしょ》を見《み》つけることが大切《たいせつ》なのさ!!」とまとめました。そしてその言葉《ことば》に、小石川《こいしかわ》も、研究室《けんきゅうしつ》で自分《じぶん》の居場所《いばしょ》を見《み》つけようと決心《けっしん》するのでした。

人間《にんげん》と同《おな》じく動物《どうぶつ》にも、個体《こたい》ごとに気質《きしつ》や性格《せいかく》があり、それは才能《さいのう》なのです。人間《にんげん》も動物《どうぶつ》も才能《さいのう》に応《おう》じた環境《かんきょう》や関係《かんけい》を得《え》ることが大切《たいせつ》なのです。

動物介在療法《どうぶつかいざいりょうほう》

「動物介在療法《どうぶつかいざいりょうほう》(AAT:Animal《アニマル》 Assisted《アシステッド》 Therapy《セラピー》)」とは、動物《どうぶつ》を使《つか》った、治療《ちりょう》対象者《たいしょうしゃ》の身体《しんたい》および社会的《しゃかいてき》機能《きのう》の回復《かいふく》、精神活動《せいしんかつどう》の改善《かいぜん》や充足《じゅうそく》を目的《もくてき》とする医療《いりょう》補助行為《ほじょこうい》のことです。主《おも》に、犬《いぬ》や猫《ねこ》などのペットや、馬《うま》、イルカなどを用《もち》いますが、対象者《たいしょうしゃ》の状況《じょうきょう》によって動物《どうぶつ》の種類《しゅるい》はさまざまです。

これら、動物《どうぶつ》とのふれ合《あ》いを通《つう》じた数《すう》種《しゅ》の療法《りょうほう》を総《そう》じて「アニマルセラピー」と呼《よ》んでいます。

※動物介在療法《どうぶつかいざいりょうほう》：このほか「動物介在活動《どうぶつかいざいかつどう》(AAA:Animal Assisted Activity)」、「動物介在教育《どうぶつかいざいきょういく》(AAE:Animal Assisted Education)」があります。

著者《ちょしゃ》プロフィール

富士昴《ふじすばる》

1983年《ねん》生《う》まれ。愛知県出身《あいちけんしゅっしん》。漫画家《まんがか》。2007年《ねん》、『スクリーム★メイカー』にて、まんがカレッジ努力賞《どりょくしょう》を受賞《じゅしょう》。2009年《ねん》、「クラブサンデー」より『OH！MYマザー』にてデビュー。このほか代表作《だいひょうさく》に、「Project迷家《まよいが》」原作《げんさく》の『迷家《マヨイガ》～ツミトバツ～』がある。

作品紹介《さくひんしょうかい》『動物《どうぶつ》がお医者《いしゃ》さん!?』

著《ちょ》：富士昴《ふじすばる》　発行《はっこう》：小学館《しょうがくかん》

12歳《さい》のとき、交通事故《こうつうじこ》で、妹《いもうと》を身《み》ごもった母《はは》と父《ちち》を失《うしな》った主人公《しゅじんこう》の船導渚《せんどうなぎさ》は、急性《きゅうせい》ストレス障害《しょうがい》になってしまう。

精神科医《せいしんかい》の叔父《おじ》は、ストレスを抱《かか》えた人《ひと》や動物《どうぶつ》からの「音《おと》」が頭《あたま》に響《ひび》くようになった彼《かれ》を沖縄《おきなわ》につれだし、イルカを使《つか》ったアニマルセラピーを受《う》けさせた。セラピーのさなか、渚《なぎさ》は、出産間際《しゅっさんまぎわ》のイルカが定置網《ていちあみ》にかかって苦《くる》しんでいるのを助《たす》けることになる。

このとき、動物《どうぶつ》を救《すく》う行為《こうい》によって自分《じぶん》が救《すく》われるということを経験《けいけん》した渚《なぎさ》は、アニマルセラピストの道《みち》に進《すす》むことになる。

「出《で》会《あ》ったそのときからきこえていたのに……！ 出《で》会《あ》った瞬《しゅん》間《かん》からハッピーは私《わたし》を好《す》きになってくれていたのに……！」

盲目《もうもく》の高野香織《たかのかおり》は盲導犬《もうどうけん》ハッピーと運命的《うんめいてき》な出会《であ》いを果《は》たす。

目《め》が見《み》えない主人公《しゅじんこう》の高野香織《たかのかおり》と盲導犬《もうどうけん》ハッピーは訓練所《くんれんじょ》で出会《であ》い共同訓練《きょうどうくんれん》をはじめます。そして1ヵ月後《げつご》、いよいよ路上訓練《ろじょうくんれん》の日《ひ》がやってきました。

はじめはハッピーと香織《かおり》の横《よこ》に盲導犬歩行指導員《もうどうけんほこうしどういん》がリードをもって、ぴったりついて一般《いっぱん》の歩道《ほどう》を歩《ある》きます。歩行速度《ほこうそくど》は香織《かおり》が白杖《はくじょう》をついて歩《ある》くのとは比較《ひかく》にならないほど速《はや》いものでした。香織《かおり》はそのスピードについていくことができず、強《つよ》い不安《ふあん》を感《かん》じて立《た》ち止《ど》まってしまいます。

▶香織《かおり》はハッピーのしっぽをふる音《おと》に気《き》がつきました。ハッピーはずっと香織《かおり》を好《す》きだったのです。

ハッピー！

「もう訓練《くんれん》をやめたい」と言《い》う香織《かおり》に、指《し》導員《どういん》があきらめの早《はや》さを指摘《してき》すると、香織《かおり》は「あきらめ上手《じょうず》にならなくっちゃ盲人《もうじん》なんてやってられない…」と言葉《ことば》を返《かえ》しました。そんな香織《かおり》に対《たい》して指導員《しどういん》は、以前《いぜん》盲導犬《もうどうけん》がいなくて事故《じこ》にあってしまったいとこの話《はなし》を香織《かおり》にしました。

その話《はなし》を聞《き》き、落《お》ち着《つ》いた香織《かおり》はハッピーにふれて、もう一度《いちど》前《まえ》に進《すす》む気持《きも》ちを持《も》てるようになりました。ハッピーはずっとまっすぐに香織《かおり》を見《み》ていたのです。

「これ以上《いじょう》、あきらめたら生《い》きられない…どうしたらもっと信《しん》じられるの…」

香織《かおり》はハッピーに心《こころ》でそう問《と》いかけました。それからまた、路上訓練《ろじょうくんれん》を再開《さいかい》しました。ある程度歩行《ていどほこう》に慣《な》れて、教官《きょうかん》が2メートルほど後《うし》ろにはなれてついてくる訓練《くんれん》を始《はじ》めたとき、香織《かおり》の歩《ある》いていく進行方向《しんこうほうこう》に駐車場《ちゅうしゃじょう》から中学生《ちゅうがくせい》の自転車《じてんしゃ》が飛《と》び出《だ》してきます。

瞬間的《しゅんかんてき》にハッピーは香織《かおり》を守《まも》るために自《じ》分《ぶん》からその自転車《じてんしゃ》にぶつかっていきました。香織《かおり》は無事《ぶじ》でしたが、ハッピーは前足《まえあし》を2針《はり》ぬう、全治《ぜんち》1週間《しゅうかん》のけがを負《お》ってしまいました。ハッピーがちゅうちょなく自分《じぶん》のために身《み》を投《な》げ出《だ》してくれたことに、香織《かおり》はショックを受《う》けました。

包帯《ほうたい》のまかれたハッピーの前足《まえあし》をそっとさわりながら、香織《かおり》は感謝《かんしゃ》の気持《きも》ちをハッピーに伝《つた》えようとしました。そのとき、香織《かおり》は小《ちい》さなパタパタという音《おと》に気《き》がつきます。

その音《おと》は、ハッピーが香織《かおり》に向《む》かってふっているしっぽが出《だ》している音《おと》でした。香織《かおり》は1年前《ねんまえ》、ハッピーと出会《であ》ったときのことを思《おも》い出《だ》して、こう言《い》います。

「出会《であ》ったときからきこえていたのに。出《で》会《あ》った瞬間《しゅんかん》から、ハッピーは私《わたし》を好《す》きになってくれていたのに」

香織《かおり》は自分《じぶん》のことしか考《かんが》えることができず、これまでハッピーのしっぽをふる音《おと》に気《き》づかないでいたことを後悔《こうかい》しました。香《か》織《おり》の心《こころ》に、ハッピーに対《たい》して強《つよ》い信頼感《しんらいかん》が芽生《めば》えた瞬間《しゅんかん》でした。

「あなたと生《い》きたい、あなたといっしょに歩《ある》いていきたい」そう思《おも》って香織《かおり》はハッピーを抱《だ》きしめました。

作品《さくひん》紹介《しょうかい》

『ハッピー！』
著《ちょ》：波間信子《はまのぶこ》　発行《はっこう》：講談社《こうだんしゃ》

盲目《もうもく》の主人公《しゅじんこう》・高野香織《たかのかおり》と盲導犬《もうどうけん》ハッピーの心《こころ》の交流《こうりゅう》を描《えが》いた物語《ものがたり》。ハッピーは盲導犬《もうどうけん》としての訓練《くんれん》を受《う》ける前《まえ》に、1年間普通《ねんかんふつう》の家庭《かてい》で育《そだ》てられ、人《ひと》に対《たい》する深《ふか》い愛情《あいじょう》を学《まな》んだ。その後《ご》、ハッピーは盲導《もうどう》犬協会《けんきょうかい》で訓練《くんれん》を始《はじ》めるのだった。

白杖《はくじょう》だけをたよりに、心《こころ》を閉《と》ざして生《い》きていた香《か》織《おり》は、盲導犬協会《もうどうけんきょうかい》の訓練所《くんれんじょ》に見学《けんがく》に行《い》き、ハッピーと出会《であ》う。そして、「希望《きぼう》を捨《す》てないで。もう一度《いちど》風《かぜ》を切《き》って歩《ある》ける日《ひ》が来《く》る」という指導員《しどういん》の言葉《ことば》に心《こころ》を動《うご》かされ、ハッピーとの共同訓練《きょうどうくんれん》をはじめる。

著者《ちょしゃ》プロフィール

波間信子《はまのぶこ》
1953年生《ねんう》まれ。漫画家《まんがか》。『ハッピー！』『ハッピー！ハッピー♪』ほか代表作多数《だいひょうさくたすう》。

「リリーは、マリちゃんと出会《であ》えて とてもとても幸《しあわ》せでした ありがとうマリちゃん」

マリは頭《あたま》の手術《しゅじゅつ》で入院《にゅういん》しなければいけませんでした。

ある日《ひ》、マリは両親《りょうしん》に連《つ》れられてペットショップに行《い》きました。そこで子犬《こいぬ》のリリーと出会《であ》いました。ペットショップの中《なか》で、店員《てんいん》が「おやつ」と言《い》ったときほかの子犬《こいぬ》たちがマリのまわりから走《はし》り去《さ》っていったのに、マリが一番《いちばん》かわいいと思《おも》った子犬《こいぬ》だけは、彼女《かのじょ》の足元《あしもと》からはなれようとしませんでした。マリは運命《うんめい》の出会《であ》いだと感《かん》じました。

そして、飼《か》うことになったその子犬《こいぬ》は「リリー」と名《な》づけられ、ふたりは大《だい》の仲良《なかよ》しになりました。マリは散歩《さんぽ》も毎日《まいにち》自分《じぶん》で連《つ》れて行《い》きました。

ある日《ひ》マリは頭《あたま》が痛《いた》くて、かわりにお母《かあ》さんにリリーを散歩《さんぽ》に連《つ》れて行《い》ってもらいました。そのときもリリーは、マリのところに来《き》て顔《かお》をなめてくれたのです。じっとリリーに見《み》つめられているだけで、マリは大好《だいす》きという気持《きも》ちが伝《つた》わってくるのを感《かん》じました。

マリの頭痛《ずつう》は日増《ひま》しに強《つよ》くなっていきました。病院《びょういん》に診察《しんさつ》に行《い》くと、マリはすぐに入院《にゅういん》して手術《しゅじゅつ》が必要《ひつよう》と言《い》われてしまいます。リリーとは毎日《まいにち》いっしょにいたかったけど、入院《にゅういん》している間《あいだ》はお別《わか》れです。入院《にゅういん》の準備《じゅんび》のため、いったんうちに帰《かえ》ったマリのところにリリーがリードをくわえてきました。散歩《さんぽ》に行《い》こうということでしょう。マリは頭《あたま》が痛《いた》くて、イライラしていました。そこで「リリー!! ダメ!! いうこと聞《き》いて」とつい大《おお》きな声《こえ》を出《だ》してしまいました。そのとき、マリは自分《じぶん》のことで精《せい》いっぱいだったのです。リリーはさびしそうにうつむいてじっとしていました。

手術《しゅじゅつ》が終《お》わってマリが目《め》を覚《さ》ますと、ベットの横《よこ》で自分《じぶん》を見守《みまも》る両親《りょうしん》の泣《な》いている顔《かお》が映《うつ》りました。そのときになって初《はじ》めてマリは自分《じぶん》の手術《しゅじゅつ》が難《むずか》しく、危《あぶ》なかったことを知《し》りました。

そしてお母《かあ》さんはマリが手術《しゅじゅつ》している間《あいだ》に、リリーが死《し》んだことを伝《つた》えます。獣医《じゅうい》さんの話《はなし》ではリリーは生《う》まれつき心臓《しんぞう》に欠陥《けっかん》があったということでした。マリは手術中《しゅじゅつちゅう》に夢《ゆめ》に出《で》てきた看護婦姿《かんごふすがた》のリリーのことを思《おも》い出《だ》しました。そして、リリーが自分《じぶん》の命《いのち》と引《ひ》きかえにマリを守《まも》ってくれたのだと思《おも》いました。マリが入院《にゅういん》した日《ひ》、リリーがリードを持《も》ってきたのは精《せい》いっぱいの最後《さいご》のわがままだったのだと思《おも》いました。

風《かぜ》がマリの手元《てもと》に一通《いっつう》の手紙《てがみ》を運《はこ》んでき

ある日《ひ》 犬《いぬ》の国《くに》から手紙《てがみ》が来《き》て

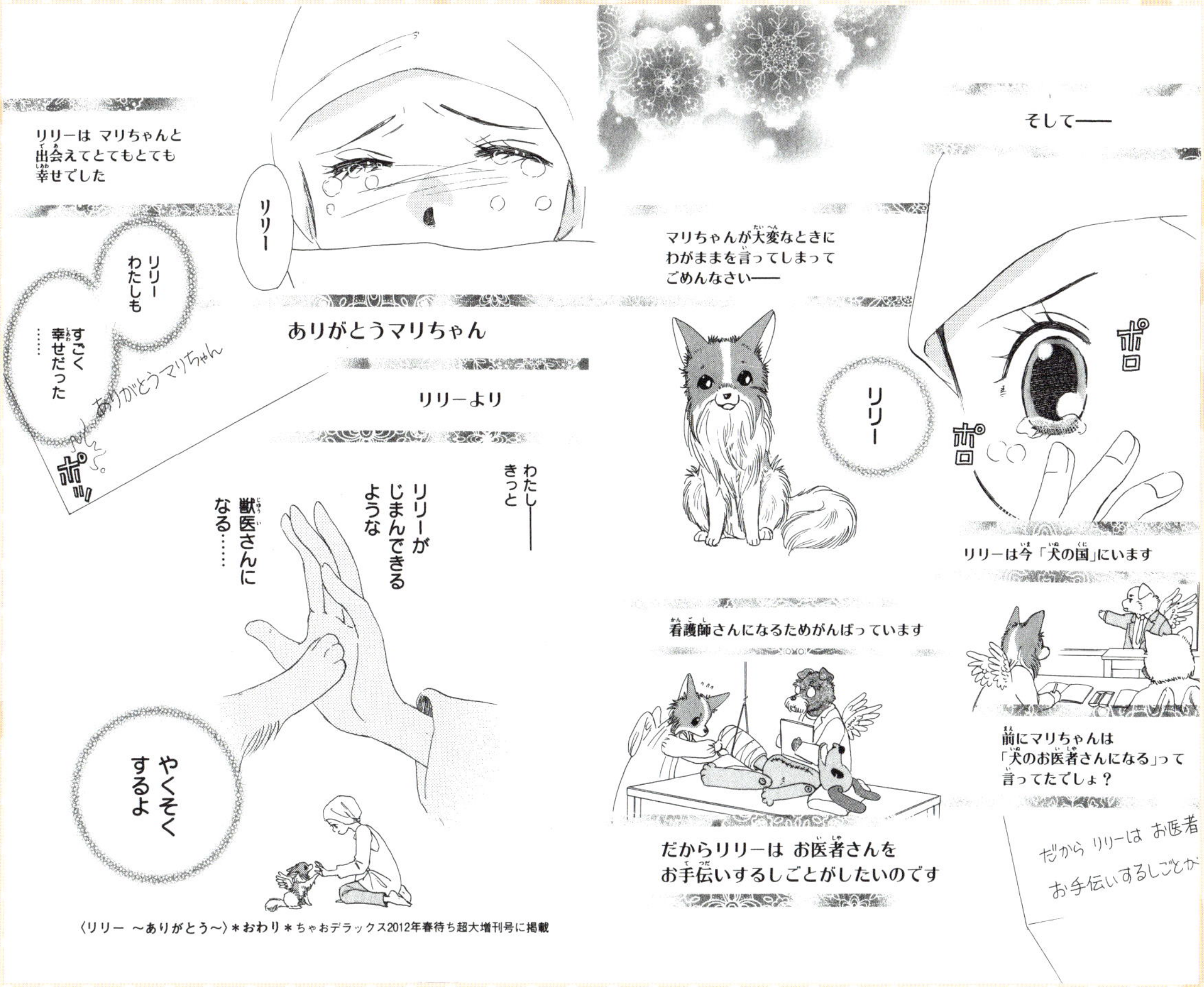

〈リリー 〜ありがとう〜〉＊おわり＊ちゃおデラックス2012年春待ち超大増刊号に掲載

◀マリは風《かぜ》が運《はこ》んできた手紙《てがみ》を開《あ》けました。その手紙《てがみ》は犬《いぬ》の国《くに》のリリーがマリに宛《あ》てたものでした。

ました。その手紙《てがみ》はリリーからでした。リリーは犬《いぬ》の国《くに》に行《い》き「看護師《かんごし》」になるためにがんばっているそうです。そしてマリがいつもいっしょにいてくれたことへの感謝《かんしゃ》の言葉《ことば》が書《か》かれていました。

「リリーは、マリちゃんと出会《であ》えてとてもとても幸《しあわ》せでした。ありがとうマリちゃん。リリーより」

マリは言葉《ことば》で伝《つた》えられなかったいろいろな思《おも》いが、ちゃんとリリーにとどいていること、リリーの気《き》持《も》ちをしっかりと聞《き》けたことで、涙《なみだ》があふれてとまりませんでした。

著者《ちょしゃ》プロフィール

竜山《たつやま》さゆり

5月《がつ》16日《にち》生《う》まれ。『夢見《ゆめみ》る筋肉姫《きんにくひめ》』（少女《しょうじょ》コミック1989年《ねん》4号《ごう》に掲載《けいさい》）でデビュー。その後《ご》、活躍《かつやく》の場《ば》を「ちゃお」に移《うつ》し、『ぷくぷく天然《てんねん》かいらんばん』で2001年《ねん》度《ど》、小学館《しょうがくかん》漫画賞《まんがしょう》児童《じどう》向け部門《ぶもん》を受賞《じゅしょう》。

作品《さくひん》紹介《しょうかい》

『ある日《ひ》 犬《いぬ》の国《くに》から手紙《てがみ》が来《き》て』

漫画《まんが》：竜山《たつやま》さゆり　原作《げんさく》（絵《え》）：松井雄功《まついゆうこう》　（文《ぶん》）：田中《たなか》マルコ
発行《はっこう》：小学館《しょうがくかん》

大人《おとな》向《む》け書籍《しょせき》を原作《げんさく》に描《えが》かれた漫画作《まんがさく》品《ひん》。犬《いぬ》は死《し》ぬと犬《いぬ》の国《くに》に行《い》き、そこではたくさんの犬《いぬ》の友達《ともだち》がいて、元気《げんき》に毎日《まいにち》過《す》ごしているという。飼《か》い主《ぬし》と仲《なか》の良《よ》かった犬《いぬ》が死《し》んでしまい、犬《いぬ》の気持《きも》ちを聞《き》くことができなかった、伝《つた》えたいことがあったと思《おも》って悲《かな》しんでいる飼《か》い主《ぬし》のもとに、犬《いぬ》の国《くに》から手紙《てがみ》がとどく。2017年《ねん》3月《がつ》現在《げんざい》11巻《かん》まで発売中《はつばいちゅう》。「泣《な》ける」お話《はなし》を集《あつ》めた傑作《けっさく》選《せん》「ティアーズセレクション」も発売中《はつばいちゅう》。

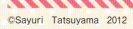

「だらしないように見《み》えるが、ハチは残《のこ》るから巣《す》はすぐ再建《さいけん》できる」

オスの数《かず》が少《すく》なく、役割《やくわり》は繁殖《はんしょく》だけのミツバチの世界《せかい》。

ロン先生《せんせい》は元太《げんた》と洋子《ようこ》ちゃんを連《つ》れて、養《よう》蜂業《ほうぎょう》を営《いとな》んでいるためさんのところにミツバチを見《み》に行《い》きました。ミツバチのひとつの巣《す》には、女王《じょおう》バチ1匹《ぴき》と、5万《まん》から6万匹《まんびき》のはたらきバチ、数百匹《すうひゃっぴき》のオスバチがいます。それらすべてのハチは、1匹《ひき》の女王《じょおう》バチの産《う》んだ卵《たまご》から生《う》まれます。

女王《じょおう》バチは数年《すうねん》生《い》きますが、オスバチはたった1回《かい》の交尾《こうび》をするために巣《す》にいるので、女王《じょおう》バチとの交尾《こうび》がおわり、秋《あき》になると巣《す》から追《お》い出《だ》されて死《し》んでしまいます。

はたらきバチはすべてメスです。成虫《せいちゅう》になると巣《す》の中《なか》で幼虫《ようちゅう》の世話《せわ》をしたり、花粉《かふん》や蜜《みつ》をたくわえたりする仕事《しごと》をしています。

巣《す》の外《そと》に出《で》て蜜《みつ》を集《あつ》めはじめ、6週間《しゅうかん》ほどで死《し》んでしまいます。女王《じょおう》バチだけが長生《ながい》きする秘密《ひみつ》は「ローヤルゼリー」にあると言《い》われています。ローヤルゼリーの成分《せいぶん》は2017年時点《ねんじてん》ではまだ完全《かんぜん》に解明《かいめい》されていません。

女王《じょおう》バチは年《とし》をとってくると、次《つぎ》の女王《じょおう》になる卵《たまご》を産《う》み、はたらきバチの半数《はんすう》をひきいて巣《す》を出《で》ていきます。そして新《あたら》しい巣《す》を作《つく》ります。これを「分封《ぶんぽう》」と言《い》います。養《よう》蜂業者《ほうぎょうしゃ》にとっては巣《す》を増《ふ》やす唯一《ゆいいつ》のチャンスです。

ミツバチには天敵《てんてき》がいます。スズメバチです。彼《かれ》らはミツバチの幼虫《ようちゅう》をねらって巣《す》をおそいます。ロン先生《せんせい》が出《で》かけたある日《ひ》、ためさんのミツバチがスズメバチにおそわれました。

その日《ひ》は質《たち》の悪《わる》い養蜂業者《ようほうぎょうしゃ》が、ためさんがミツバチを飼《か》っていた場所《ばしょ》をうばい取《と》りに来《き》ていました。飼育《しいく》に良《よ》い環境《かんきょう》の原《はら》っぱをねらわれたのです。

そのとき、スズメバチの襲撃《しゅうげき》を受《う》けたのです。ミツバチは戦《たたか》って巣《す》を守《まも》ろうとしますが、みんなスズメバチに殺《ころ》されてしまい

スズメバチ

スズメバチに人間《にんげん》が刺《さ》されると危険《きけん》です。オオスズメバチは集団《しゅうだん》の個体数《こたいすう》が最大《さいだい》になる毎年《まいとし》9月《がつ》から10月《がつ》、食《た》べ物《もの》が減《へ》ってくると集団《しゅうだん》でミツバチやキイロスズメバチなどの巣《す》を攻撃《こうげき》します。ニホンミツバチは対抗手《たいこうしゅ》段《だん》として蜂球《ほうきゅう》※を作《つく》ります。その時期《じき》、巣《す》の中《なか》では次《つぎ》の女王《じょおう》バチ候補《こうほ》の育成《いくせい》がはじまります。

スズメバチは巣《す》に近《ちか》づくか、攻撃《こうげき》しないと襲《おそ》ってきません。そのため人間《にんげん》が襲《おそ》われるときは、スズメバチの巣《す》の近《ちか》くがほとんどです。大声《おおごえ》を上《あ》げると、その声《こえ》に反応《はんのう》して襲《おそ》われるので、注意《ちゅうい》しましょう。また彼《かれ》らは高低差《こうていさ》に弱《よわ》いのでしゃがんで逃《に》げるのも効果的《こうかてき》です。

※蜂球《ほうきゅう》：ニホンミツバチは単体《たんたい》で来《き》たスズメバチのまわりに群《むら》がって中心《ちゅうしん》にいるスズメバチを熱《ねつ》で殺《ころ》すという行動《こうどう》をとります。

ました。

しかし、ためさんの飼《か》っていたミツバチは戦《たたか》わず巣《す》を捨《す》てて逃《に》げてしまいました。

実《じつ》はミツバチには2種類《しゅるい》あり、幼虫《ようちゅう》を守《まも》ろうと勇敢《ゆうかん》に戦《たたか》っていく種類《しゅるい》と無抵抗《むていこう》で逃《に》げる種類《しゅるい》がいたのです。逃《に》げてしまったミツバチは、巣《す》は荒《あら》されますが、ミツバチは生《い》きのこるので巣《す》はすぐ再生《さいせい》できます。しかし、勇《ゆう》敢《かん》に戦《たたか》って全滅《ぜんめつ》したミツバチたちはもうそれでおしまいです。

人間《にんげん》もミツバチ同様《どうよう》に集団行動《しゅうだんこうどう》をとる動《どう》物《ぶつ》です。小《ちい》さなミツバチたちの行動《こうどう》から、人間《にんげん》は生《い》きのこる力《ちから》を学《まな》ぶことができるのです。

▶全滅《ぜんめつ》したミツバチたちを悲《かな》しそうに見《み》る男《おとこ》たちに対《たい》して、ためさんのミツバチは無事《ぶじ》だった。

作品《さくひん》紹介《しょうかい》

『ロン先生《せんせい》の虫眼鏡《むしめがね》』

原作《げんさく》：光瀬龍《みつせりゅう》　漫画《まんが》：加藤唯史《かとうただし》　発行《はっこう》：秋田書店《あきたしょてん》

本作《ほんさく》は、「虫眼鏡《むしめがね》」というタイトルがついてはいるが、小《ちい》さな虫《むし》からイルカ、クマのような動物《どうぶつ》まで自然界《しぜんかい》に生《い》きる多《おお》くの生命《せいめい》にロン先生《せんせい》が虫眼鏡《むしめがね》を当《あ》てて、知《し》らなかった生態《せいたい》の謎《なぞ》を解《と》き明《あ》かし、間違《まちが》って伝《つた》えられていた伝承《でんしょう》や性質《せいしつ》を正《ただ》しく教《おし》えてくれる作品《さくひん》。

イルカの知能《ちのう》と仲間《なかま》と交《か》わす言葉《ことば》についての実験《じっけん》の話《はなし》、こうもりが細《こま》かいすきまを音《おと》で聞《き》き分《わ》けて飛《と》ぶ力《ちから》、ナマズの地震予知能力《じしんよちのうりょく》、野生動物《やせいどうぶつ》の持《も》っている第六感《だいろっかん》（アニマル感覚《かんかく》）など、わかりやすい説明《せつめい》で、楽《たの》しみながら昆虫《こんちゅう》や動物《どうぶつ》について学《まな》ぶことができる。

著者《ちょしゃ》プロフィール

光瀬龍《みつせりゅう》

1928年《ねん》生《う》まれ、1999年《ねん》没《ぼつ》。日本《にほん》SF作家《さっか》クラブ、少年文芸作家《しょうねんぶんげいさっか》クラブ所属《しょぞく》。『夕《ゆう》ばえ作戦《さくせん》』『カナン5100』『百億《ひゃくおく》の昼《ひる》と千億《せんおく》の夜《よる》』など代表作多数《だいひょうさくたすう》。

加藤唯史《かとうただし》

1949年《ねん》生《う》まれ。漫画家《まんがか》。『サテライトの虹《にじ》』『ザ・シェフ』『ホット　DOC』『ヤメ検弁護士《けんべんごし》シャチ』ほか代《だい》表作多数《ひょうさくたすう》。

元漁師《もとりょうし》の老人《ろうじん》は、天敵《てんてき》のアザラシを見《み》たいという孫《まご》とともに旭山動物園《あさひやまどうぶつえん》を訪《おとず》れた。

北海道旭川市《ほっかいどうあさひかわし》にある「旭川市旭山動物園《あさひかわしあさひやまどうぶつえん》」は、できるだけ動物《どうぶつ》の本来《ほんらい》の行動《こうどう》を見《み》せる「行動展示《こうどうてんじ》」という新《あたら》しい展示方法《てんじほうほう》を導入《どうにゅう》することにより廃園《はいえん》の危機《きき》を乗《の》りこえました。

2004年《ねん》ごろには、その動物本来《どうぶつほんらい》の「生《い》きた姿《すがた》」を見《み》られる展示方法《てんじほうほう》が評判《ひょうばん》を呼《よ》び、施設《しせつ》も充実《じゅうじつ》してきたことから、日本《にほん》でもトップクラスの入園者数《にゅうえんしゃすう》を誇《ほこ》るまでになりました。

このころ、北海道《ほっかいどう》の漁師《りょうし》たちは、網《あみ》にかかった魚《さかな》を食《た》べて損害《そんがい》を出《だ》す、地元《じもと》では「トッカリ」とも呼《よ》ばれるアザラシとの戦《たたか》いに苦《くる》しんでいました。あるひとりの老漁師《ろうりょうし》も、アザラシに獲物《えもの》を取《と》られることをくちおしく思《おも》っていましたが、海《うみ》で必死《ひっし》に生《い》きる彼《かれ》らに敬意《けいい》も感《かん》じていました。

やがて老漁師《ろうりょうし》は脳梗塞《のうこうそく》でたおれ、体《からだ》の自由《じゆう》がきかなくなり、漁師《りょうし》を廃業《はいぎょう》することになります。老《ろう》人《じん》は海《うみ》をはなれた時《とき》から生《い》きる力《ちから》を失《うしな》い、家《いえ》の中《なか》で車椅子生活《くるまいすせいかつ》を送《おく》っていました。

ある日《ひ》のこと、孫娘《まごむすめ》が「アザラシが見《み》たい」と言《い》い、旭川市旭山動物園《あさひかわしあさひやまどうぶつえん》に連《つ》れていくことになりました。

「ンだ そうやって 魚《さかな》バ 捕《と》るんだよな おメだち ここサいても… やっぱし 漁師《りょうし》のまんまなんかい!?」

▶生《い》き生《い》きと力強《ちからづよ》く動《うご》きまわる動物《どうぶつ》の姿《すがた》は、人《ひと》に感動《かんどう》を与《あた》え、生《い》きる力《ちから》をわきあがらせてくれる。

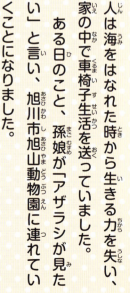

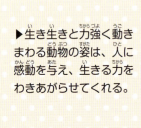

「行動展示《こうどうてんじ》」で見《み》せる動物《どうぶつ》たちの営《いとな》みは来園者《らいえんしゃ》に命《いのち》のたくましさを感《かん》じさせた。

息子夫婦《むすこふうふ》と孫娘《まごむすめ》に連《つ》れられ旭山動物園《あさひやまどうぶつえん》にやってきた元漁師《もとりょうし》の老人《ろうじん》は、アザラシの「お外《そと》でもぐもぐタイム」のショーを見《み》て、「おまえら俺《おれ》とおんなじだ　陸《りく》に上《あ》がった漁師《りょうし》も死《し》んだも同然《どうぜん》　…飼《か》われて見物《けんぶつ》されているのがお似合《にあ》いだべ…」となげきます。老人《ろうじん》は、孫娘《まごむすめ》のアザラシ見物《けんぶつ》につきあうことで、空《から》っぽになった自分《じぶん》を確《たし》かめたのでした。

しかし、行動展示《こうどうてんじ》で、漁行動《りょうこうどう》をしたり、立《た》ち泳《およ》ぎをしたり、生《い》き生《い》きと動《うご》きまわるアザラシたちの姿《すがた》を見《み》た老人《ろうじん》は「ンだ　そうやって魚《さかな》バ捕《と》るんだよな　おメだちここサいても…　やっぱし漁師《りょうし》のまんまなんかい!?」と生命《せいめい》のたくましさを実感《じっかん》し、彼《かれ》らの子育《こそだ》てのことなど、その生《い》きざまを思《おも》いかえしました。

動物園《どうぶつえん》の海《うみ》に生《い》きる「トッカリ」の姿《すがた》から、同《おな》じく生命感《せいめいかん》にあふれる孫娘《まごむすめ》への愛《あい》をもあらたにした元漁師《もとりょうし》の老人《ろうじん》に、再《ふたた》び「生《い》きる力《ちから》」がわきあがるのでした。

行動展示《こうどうてんじ》はかぎられた施設《しせつ》の中《なか》であっても、訪《おとず》れた人《ひと》に本来《ほんらい》の生《い》きる姿《すがた》である動物《どうぶつ》たちの習性《しゅうせい》や、生命《せいめい》のたくましさを感《かん》じさせてくれました。彼《かれ》らが見《み》せる「生《い》きる力《ちから》」は、私《わたし》たちにも備《そな》わっています。私《わたし》たち人間《にんげん》も地《ち》球《きゅう》の動物《どうぶつ》のひとつの種《しゅ》なのですから。

「行動展示《こうどうてんじ》」とは？

動物園《どうぶつえん》では伝統的《でんとうてき》に動物《どうぶつ》の姿形《すがたかたち》や種《しゅ》や生息地《せいそくち》のちがいを見《み》せることに主眼《しゅがん》をおいた「分類学的展示《ぶんるいがくてきてんじ》」「地理学的展示《ちりがくてきてんじ》」「生態展示《せいたいてんじ》」などの「形態展示《けいたいてんじ》」がおこなわれてきました。それに対《たい》して「行動展示《こうどうてんじ》」はその動物種本来《どうぶつしゅほんらい》の行動《こうどう》や能力《のうりょく》、習性《しゅうせい》を見《み》せる展示方法《てんじほうほう》です。

具体的《ぐたいてき》には動物種《どうぶつしゅ》にあった自然《しぜん》に近《ちか》い環境《かんきょう》を作《つく》り、運動不足解消《うんどうぶそくかいしょう》ややることがないことから発生《はっせい》するストレスの解消《かいしょう》など、動物《どうぶつ》の利益《りえき》にもなり、動物《どうぶつ》自身《じしん》が参加《さんか》するイベントを開催《かいさい》するなどの方法《ほうほう》がとられています。

日本《にほん》では旭川市旭山動物園《あさひかわしあさひやまどうぶつえん》の元園長《もとえんちょう》・小菅正夫《こすげまさお》が行動展示《こうどうてんじ》を成功《せいこう》させたことで知《し》られるようになりました。

賛否両論《さんぴりょうろん》はあるものの、動物園《どうぶつえん》というかぎられた環境《かんきょう》の中《なか》でよりストレスの少《すく》ない環境《かんきょう》を作《つく》るという考《かんが》え方《かた》は、多《おお》くの来園者《らいえんしゃ》の心《こころ》をとらえました。

作品紹介《さくひんしょうかい》

『ASAHIYAMA—旭山動物園物語《あさひやまどうぶつえんものがたり》—』

漫画《まんが》：本庄敬《ほんじょうけい》　原作《げんさく》：森由民《もりゆうみん》　発行《はっこう》：KADOKAWA

全3巻、電子書籍で発売中

1960年代《ねんだい》、高度経済成長期《こうどけいざいせいちょうき》に北海道旭川《ほっかいどうあさひかわ》に作《つく》られた「旭川市旭山動物園《あさひかわしあさひやまどうぶつえん》」。開園《かいえん》から20年《ねん》がたったころ、施設《しせつ》の老朽化《ろうきゅうか》などにより入場者数《にゅうじょうしゃすう》がへり、廃園《はいえん》の危機《きき》におちいった。

獣医《じゅうい》で、飼育係長《しいくかかりちょう》の菅井雅雄《すがいまさお》は、起死回生《きしかいせい》の策《さく》として、動物《どうぶつ》のすがたかたちを見《み》せ、物《もの》めずらしさから人《ひと》を呼《よ》びこむ「形態展示《けいたいてんじ》」ではなく、動物《どうぶつ》の本来《ほんらい》の行動《こうどう》や能力《のうりょく》、習性《しゅうせい》を見《み》せ、動物《どうぶつ》に興味《きょうみ》を持《も》ってもらう「行動展示《こうどうてんじ》」をおこなうことを提案《ていあん》するが……。

著者《ちょしゃ》プロフィール

漫画《まんが》：本庄敬《ほんじょうけい》

1961年《ねん》生《う》まれ。北海道出身《ほっかいどうしゅっしん》。漫画家《まんがか》。1986年《ねん》、『北《きた》へ —君《きみ》への道《みち》—』にて第《だい》32回《かい》手塚賞準入選《てづかしょうじゅんにゅうせん》。同作《どうさく》が掲載《けいさい》された「週刊少年《しゅうかんしょうねん》ジャンプ増刊号《ぞうかんごう》」にてデビュー。代表作《だいひょうさく》に、末田雄一郎《まつだゆういちろう》原作《げんさく》の『蒼太《そうた》の包丁《ほうちょう》』、ラデック鯨井《くじらい》原作《げんさく》の『SEED』、『ニッポン動物記《どうぶつき》』などがある。

原作《げんさく》：森由民《もりゆうみん》

1963年《ねん》生《う》まれ。動物園専門《どうぶつえんせんもん》のフリーライターとして活動《かつどう》。代表作《だいひょうさく》に、『動物園《どうぶつえん》を楽《たの》しむ99の謎《なぞ》』『動物園《どうぶつえん》のひみつ 展示《てんじ》の工夫《くふう》から飼育員《しいくいん》の仕事《しごと》まで』『ひめちゃんとふたりのおかあさん—人間《にんげん》に育《そだ》てられた子《こ》ゾウ』などがある。

「あなたには記録《きろく》をとどける大切《たいせつ》なしごとがある……。生《い》きのこるとすればあなたですよ」

人間《にんげん》は大自然《だいしぜん》に挑戦《ちょうせん》し、ムーン山《やま》に月光石《げっこうせき》の謎《なぞ》を求《もと》めて挑《いど》んだ。

　コンゴとウガンダの境《さかい》にそびえるルベンゾリ山脈《さんみゃく》の奥地《おくち》にムーン山《やま》という高《たか》い山《やま》があります。その山《やま》には伝説《でんせつ》の「月光石《げっこうせき》」があり、その石《いし》は軍事的《ぐんじてき》に価値《かち》が高《たか》く、学術的《がくじゅつてき》にも「大陸移動説《たいりくいどうせつ》」の謎《なぞ》を解《と》くカギになると言《い》われていました。

　その月光石《げっこうせき》を軍事利用《ぐんじりよう》しようとB国《こく》は軍《ぐん》隊《たい》をアフリカに送《おく》りました。人間《にんげん》たちに森《もり》の動物《どうぶつ》の死斑病《しはんびょう》を直《なお》してもらった恩《おん》があるレオは、A国《こく》の探検隊《たんけんたい》のガイドとしてムーン山《やま》に行《い》かなければならなくなりました。仲間《なかま》の動物《どうぶつ》たちはレオを引《ひ》きとどめようとしますが、レオの決心《けっしん》はかたくゆらぎません。自分《じぶん》がもどってこなかったときは、レオの子《こ》ルッキオにジャングルの女王《じょおう》になるように言《い》いました。

　ヒゲオヤジが同行《どうこう》しているマイナス博士《はかせ》率《ひき》いるA国《こく》の探検隊《たんけんたい》が、食中毒《しょくちゅうどく》をおこしているすきに、ロンメル将軍《しょうぐん》に率《ひき》いられたB国《こく》の軍隊《ぐんたい》は、ヘリコプターで追《お》いこしていきました。その中《なか》にはマイナス博士《はかせ》と顔見《かおみ》知《し》りのプラス教授《きょうじゅ》もいました。

　B国《こく》の軍隊《ぐんたい》に先《さき》をこされたレオたちは、ムーン山《やま》を目指《めざ》して道《みち》を急《いそ》ぎました。ビッグ・クレバスという断崖絶壁《だんがいぜっぺき》の難所《なんしょ》をこえ、巨大《きょだい》ヤモリの大群《たいぐん》の襲撃《しゅうげき》をかわして、先《さき》に行《い》ったB国《こく》の軍隊《ぐんたい》に追《お》いつき、彼《かれ》らが恐竜《きょうりゅう》におそわれているところを助《たす》けました。先《さき》に進《すす》めず恐竜《きょうりゅう》と戦《たたか》うことを選《えら》んだロンメル将軍《しょうぐん》が死《し》に、マンモスのオフクロサンに導《みちび》かれて、残《のこ》ったA国《こく》とB国《こく》の人間《にんげん》たちは多大《ただい》な犠牲《ぎせい》をはらったすえに、やっとムーン山《やま》のふもとまでたどり着《つ》くことができたのです。

　そこでオフクロサンと別《わか》れた一行《いっこう》は、高《たか》いムーン山《やま》の頂上《ちょうじょう》を目指《めざ》して、雪《ゆき》の中《なか》を進《すす》みました。そこからがさらに苦難《くなん》の道《みち》のりでした。

　レオは雪山《ゆきやま》の照《て》り返《かえ》しに目《め》をやられて、失《しつ》明《めい》してしまいますが、一行《いっこう》はついに山頂《さんちょう》に到《とう》達《たつ》します。そこには「月光石《げっこうせき》」がありました。学者《がくしゃ》たちはテントで月光石《げっこうせき》を調《しら》べ、その秘密《ひみつ》をついに解《と》き明《あ》かします。月光石《げっこうせき》の秘密《ひみつ》とは磁力線《じりょくせん》の作用《さよう》で恐《おそ》ろしいエネルギーを生《う》み出《だ》すことができる未知《みち》の力《ちから》でした。

　その秘密《ひみつ》を持《も》ち帰《かえ》ろうとした人間《にんげん》たちに、ムーン山《やま》は容赦《ようしゃ》のない猛吹雪《もうふぶき》という試練《しれん》をあたえました。そして吹雪《ふぶき》の中《なか》最後《さいご》に残《のこ》ったのは、ヒゲオヤジとレオだけでした。そ

▲吹雪《ふぶき》の中《なか》、最後《さいご》に生《い》き残《のこ》ったレオは、自《みずか》らの体《からだ》の肉《にく》と毛皮《けがわ》をヒゲオヤジに差《さ》し出《だ》して、彼《かれ》を生還《せいかん》させました。

のとき、レオは言《い》います。

「あなたには記録《きろく》をとどける大切《たいせつ》なしごとがある……。生《い》きのこるとすればあなたですよ」

レオは自《みずか》らの体《からだ》を彼《かれ》にあたえ、肉《にく》を食《た》べて力《ちから》をつけ、はいだ毛皮《けがわ》を身《み》にまとって、ふもとまで生還《せいかん》してほしいと言《い》います。そうしてレオは死《し》をもってヒゲオヤジを助《たす》けます。

ヒゲオヤジは、レオに言《い》われたとおりにして、毛皮《けがわ》に守《まも》られて山《やま》を下《お》り、川《かわ》を下《くだ》ってジャングルにもどってきました。そこで待《ま》っていたのはレオのもうひとりの子《こ》ルネでした。ヒゲオヤジはルネにレオの毛皮《けがわ》をわたしました。そしてルネを帰《かえ》し、自分《じぶん》も人間界《にんげんかい》にもどっていったのです。

ムーン山《やま》の秘密《ひみつ》を持《も》ち帰《かえ》ることで、人間《にんげん》は大自然《だいしぜん》に勝《か》ったのでしょうか、それともそんな考《かんが》えは人間《にんげん》の思《おも》い上《あ》がりなのでしょうか、ヒゲオヤジは空《そら》をあおいで考《かんが》えるのでした。

作品紹介《さくひんしょうかい》

『ジャングル大帝《たいてい》』
著《ちょ》：手塚治虫《てづかおさむ》　発行《はっこう》：講談社《こうだんしゃ》

アフリカのジャングルの王《おう》である白《しろ》いライオン、パンジャの妻《つま》・エライザは人間《にんげん》にとらえられ、連《つ》れ去《さ》られた船《ふね》の中《なか》で、パンジャとの子《こ》であるレオを産《う》む。レオは、人間《にんげん》の子《こ》ケン一《いち》に救《すく》われて、父《ちち》と母《はは》がいたジャングルに帰《かえ》ることができた。

人間《にんげん》の言葉《ことば》も話《はな》せるようになったレオは、ジャングルの改革《かいかく》をおこない、おさななじみのライヤと結婚《けっこん》する。やがてふたりの間《あいだ》には女《おんな》の子《こ》のルッキオと男《おとこ》の子《こ》のルネが生《う》まれる。そんなジャングルに、「月光石《げっこうせき》」をねらって、再《ふたた》び人間《にんげん》がやってくる。

著者《ちょしゃ》プロフィール

手塚治虫《てづかおさむ》
1928年（昭和《しょうわ》3年《ねん》）生《う》まれ。虫《むし》プロダクションを設《せつ》立《りつ》し日本《にほん》初《はつ》、テレビアニメシリーズ『鉄腕《てつわん》アトム』を制《せい》作《さく》、発表《はっぴょう》。『ブラック・ジャック』『三《みっ》つ目《め》がとおる』『ブッダ』他《ほか》、多数《たすう》の名作《めいさく》を執筆《しっぴつ》。また青年《せいねん》コミック誌《し》上《じょう》でも傑作《けっさく》を多数発表《たすうはっぴょう》、『陽《ひ》だまりの樹《き》』『アドルフに告《つ》ぐ』などを残《のこ》す。デビューから死去《しきょ》まで常《つね》に第一線《だいいっせん》で作品《さくひん》を発表《はっぴょう》し、「マンガの神様《かみさま》」と言《い》われた。

「恐怖《きょうふ》を知《し》らぬ者《もの》は ただの愚《おろ》か者《もの》だ 恐怖《きょうふ》を知《し》るから克服《こくふく》できるのだ 恐怖《きょうふ》から目《め》をそらすな」

▲しとめたクジラは、その日《ひ》のうちに船上《せんじょう》で解体《かいたい》されます。一番《いちばん》の商品《しょうひん》は皮下脂肪《ひかしぼう》から抽出《ちゅうしゅつ》された灯油《とうゆ》のもとの鯨油《げいゆ》です。

鯨獲《くじらと》りの町《まち》で、海《うみ》の男《おとこ》として認《みと》められるため、イシュメルは捕鯨船《ほげいせん》ピークォド号《ごう》に乗《の》りこんだ。

鯨油《げいゆ》や鯨《くじら》ひげなどの資源《しげん》を求《もと》めてのクジラ猟《りょう》、捕鯨《ほげい》がさかんだった、19世紀後半《せいきこうはん》のアメリカ。主人公《しゅじんこう》で語《かた》り手《て》の若者《わかもの》イシュメルは、捕鯨基地港《ほげいきちこう》のニューヘッドフォードで、真《しん》の海《うみ》の男《おとこ》として認《みと》められるため、港《みなと》で親友《しんゆう》となった南太平洋出身《みなみたいへいようしゅっしん》のすご腕《うで》の銛《もり》撃ち、クィークェグとともに、捕鯨船《ほげいせん》ピークォド号《ごう》に乗《の》りこみます。

一等航海士《いっとうこうかいし》スターバック以下《いか》、人種《じんしゅ》や育《そだ》ちも様々《さまざま》なピークォド号《ごう》の乗組員《のりくみいん》の中《なか》で、イシュメルは船酔《ふなよ》いに悩《なや》ませられながらも新米《しんまい》船員《せんいん》として働《はたら》き、次第《しだい》に仲間《なかま》として認《みと》められていきます。イシュメルはマスト上《じょう》での見張《みは》りを命《めい》じられ、そして、クジラの群《む》れを発見《はっけん》します。

白鯨《はくげい》　—まんがで読破《どくは》—

イシュメルは人知《じんち》を超《こ》えた存在《そんざい》を見《み》て、恐怖《きょうふ》を知《し》った。

神《かみ》とも悪魔《あくま》とも呼《よ》ばれる巨大《きょだい》な白鯨《はくげい》「モビィ・ディック」に片足《かたあし》をうばわれたエイハブ船長《せんちょう》は復讐《ふくしゅう》に燃《も》え行方《ゆくえ》を追《お》います。

イシュメルら船員《せんいん》たちはボートに乗《の》ってクジラの群《む》れに近《ちか》づき、投擲銛《とうてきもり》を打《う》ちこんで1匹《ぴき》をしとめますが、反撃《はんげき》をうけ、イシュメルは海《うみ》に落《お》ちてしまいます。

イシュメルは助《たす》けられたものの、クジラの巨体《きょたい》や、それをねらうサメを間近《まぢか》に見《み》て、漁《りょう》が怖《こわ》くなってしまいます。

その夜《よる》、クジラ獲得《かくとく》を祝《いわ》う宴会《えんかい》でも、イシュメルは立《た》ち直《なお》れずにいました。スターバックは彼《かれ》に、初《はじ》めての漁《りょう》だし怖《こわ》いのは無理《むり》も無《な》い、だが、「恐怖《きょうふ》を知《し》らぬ者《もの》は　ただの愚《おろ》か者《もの》だ　恐怖《きょうふ》を知《し》るから　克服《こくふく》できるのだ　恐怖《きょうふ》から目《め》をそらすな」と教《おし》え、クジラ獲《と》りの誇《ほこ》りを持《も》てとさとすのでした。

古《ふる》くから人《ひと》は、巨大《きょだい》なクジラや象《ぞう》、イナゴの大群《たいぐん》のような想像《そうぞう》をこえる生《い》き物《もの》たちに、無力感《むりょくかん》とともに感動《かんどう》をおぼえ、宗教的《しゅうきょうてき》存在《そんざい》、神《かみ》や悪魔《あくま》の化身《けしん》として言《い》い伝《つた》えてきました。

科学《かがく》と学問《がくもん》の進歩《しんぽ》は、迷信《めいしん》の正体《しょうたい》を解明《かいめい》し、困難《こんなん》を乗《の》り越《こ》えるための対策《たいさく》を広《ひろ》めました。しかし、それにはまず、困難《こんなん》に向《む》き合《あ》わなければなりません。逃《に》げることは決《けっ》して悪《わる》いことではありませんが、逃《に》げてばかりでは、人類《じんるい》の進歩《しんぽ》はないのです。

『白鯨《はくげい》』とは？

『白鯨《はくげい》(Moby-Dick)』は、19世紀《せいき》の作家《さっか》、ハーマン・メルヴィルが書《か》いた、原語《げんご》で800ページ以上《いじょう》にも及《およ》ぶ大作海洋小説《たいさくかいようしょうせつ》です。

巨大《きょだい》な白《しろ》い鯨《くじら》「モビー・ディック」に、片足《かたあし》を奪《うば》われたことへの復讐《ふくしゅう》を挑《いど》む、捕鯨船《ほげいせん》ピークォド号《ごう》の船長《せんちょう》エイハブと、彼《かれ》の狂気《きょうき》が次第《しだい》に乗《の》り移《うつ》っていく、人種《じんしゅ》や育《そだ》ちも様々《さまざま》な船《ふね》の乗組員《のりくみいん》たちの運命《うんめい》が、新米船員《しんまいせんいん》のイシュメルの視点《してん》から、鯨《くじら》や捕鯨《ほげい》に関《かん》する知識《ちしき》とともに、豊《ゆた》かな言葉《ことば》で描《えが》かれています。

『白鯨《はくげい》』には、多様性《たようせい》のある乗組員《のりくみいん》を善《ぜん》、海《うみ》の魔物《まもの》、白鯨《はくげい》を悪《あく》とする、比較的一般的《ひかくてきいっぱんてき》な解釈《かいしゃく》の他《ほか》、逆《ぎゃく》に、復讐《ふくしゅう》にとりつかれた船長《せんちょう》エイハブを悪《あく》とする解釈《かいしゃく》など、様々《さまざま》な作品解釈《さくひんかいしゃく》があり、現代《げんだい》においてもファンや研究者《けんきゅうしゃ》による議論《ぎろん》が続《つづ》けられています。

作品紹介《さくひんしょうかい》

『白鯨《はくげい》　—まんがで読破《どくは》—』

原作《げんさく》：メルヴィル　発行《はっこう》：イースト・プレス

ハーマン・メルヴィル作《さく》の、19 世紀後半《せいきこうはん》のアメリカを舞台《ぶたい》とする海洋小説《かいようしょうせつ》『白鯨《はくげい》』を、ダイジェストに漫画化《まんがか》した作品《さくひん》。

語《かた》り手《て》のイシュメルは、捕鯨基地港《ほげいきちこう》で親友《しんゆう》となった南太平洋《みなみたいへいよう》出身《しゅっしん》のすご腕《うで》の銛《もり》撃《う》ちクィークェグとともに、捕鯨船《ほげいせん》ピークォド号《ごう》に乗《の》りこむ。

クジラの群《む》れを発見《はっけん》した後《あと》、イシュメルの前《まえ》に初《はじ》めて姿《すがた》をみせた義足《ぎそく》の船長《せんちょう》エイハブは、船員《せんいん》たちに「白鯨《はくげい》はいないのか」と鬼気《きき》せまる表情《ひょうじょう》を見《み》せた。

彼《かれ》は、自分《じぶん》の片足《かたあし》を奪《うば》った、海《うみ》を支配《しはい》する巨大《きょだい》な白鯨《はくげい》「モビィ・ディック」への復讐《ふくしゅう》にすべてをかけていたのだった。

著者《ちょしゃ》プロフィール

原作《げんさく》：ハーマン・メルヴィル

1819年《ねん》生《う》まれ。アメリカ、ニューヨーク出身《しゅっしん》。作家《さっか》、小説家《しょうせつか》として1850年前後《ねんぜんご》に、本作《ほんさく》の原作《げんさく》の『白鯨《はくげい》』、『代書人《だいしょにん》バートルビー』など、多《おお》くの著作《ちょさく》を発表《はっぴょう》する。このほか代表作《だいひょうさく》に、『ビリー・バッド』がある。作品《さくひん》は、生前評価《せいぜんひょうか》されず、高《たか》い評価《ひょうか》を受《う》け始《はじ》めたのは死後《しご》30年《ねん》たってからだった。

「この恩《おん》は絶《ぜっ》対《たい》忘《わす》れないぞ銀《ぎん》 今《こん》度《ど》はオレがおめエのためなら、いつでも命《いのち》を投《な》げ出《だ》してやっからよう〜」

再《ふたた》び現《あらわ》れた凶《きょう》暴《ぼう》な熊《くま》・赤《あか》カブトは また、人《にん》間《げん》を襲《おそ》い始《はじ》めた。

凶《きょう》暴《ぼう》な熊《くま》「赤《あか》カブト」が現《あらわ》れたと聞《き》いた猟《りょう》犬《けん》の銀《ぎん》と飼《か》い主《ぬし》の大《だい》輔《すけ》は、漁《りょう》師《し》の五《ご》兵《へ》衛《え》らとすぐさま討《とう》伐《ばつ》隊《たい》を組《く》んで、赤《あか》カブトを探《さが》しに山《やま》に入《はい》ります。そこには、赤《あか》カブトに父《ちち》を殺《ころ》された村《そん》長《ちょう》の息《むす》子《こ》秀《ひで》俊《とし》と彼《かれ》の猟《りょう》犬《けん》ジョンもいました。

大《だい》輔《すけ》や銀《ぎん》たちが山《やま》に入《はい》ったとき、すでに赤《あか》カブトは山《さん》荘《そう》を壊《こわ》し、その中《なか》にいる人《にん》間《げん》をふたりも殺《ころ》していました。

五《ご》兵《へ》衛《え》がその熊《くま》にねらいをつけるより早《はや》く、秀《ひで》俊《とし》の猟《りょう》犬《けん》ジョンが鼻《はな》ずらに飛《と》びつき、

▶意《い》識《しき》がもどった大《だい》輔《すけ》は、銀《ぎん》が自《じ》分《ぶん》を助《たす》けてくれたことを知《し》り、銀《ぎん》に感《かん》謝《しゃ》しました。

秀俊《ひでとし》のライフルが熊《くま》の頭《あたま》を吹《ふ》きとばし絶命《ぜつめい》させます。

秀俊《ひでとし》は赤《あか》カブトをついにたおしたと思《おも》いましたが、それは赤《あか》カブトの子《こ》どもたちの1頭《とう》にすぎませんでした。尾根《おね》の上《うえ》かららんでいる赤《あか》カブトの姿《すがた》が、みんなの目《め》に入《はい》ります。その日《ひ》、赤《あか》カブトはおそってこずに森《もり》の中《なか》に消《き》えていきました。

そのとき、一瞬《いっしゅん》気《き》がゆるんだのか大輔《だいすけ》は足《あし》をすべらせ、雪《ゆき》の裂《さ》け目《め》のクレバス深《ふか》くに落《お》ちてしまいます。そこはせまい裂《さ》け目《め》で、とても人間《にんげん》は入《はい》れません。そこで銀《ぎん》が首《くび》にロープをつないでもらい、大輔《だいすけ》を助《たす》けるために、暗《くら》くて深《ふか》いクレパスの中《なか》に降《お》りていきます。

銀《ぎん》は、クレパスの奥《おく》で気《き》を失《うしな》って引《ひ》っかかっている大輔《だいすけ》を見《み》つけることができました。しかし、子《こ》どもとはいえ人間《にんげん》の体重《たいじゅう》を首輪《くびわ》につけたロープにからめて、はるか上《うえ》のクレパスの出口《でぐち》まで引《ひ》き上《あ》げてもらうことは、銀《ぎん》にとっては容易《ようい》なことではありません。引《ひ》き上《あ》げられている間《あいだ》、大輔《だいすけ》と銀《ぎん》の体重《たいじゅう》で銀《ぎん》の首《くび》がしまってしまうのです。それを覚悟《かくご》のうえで銀《ぎん》はロープを引《ひ》いて、上《うえ》で待《ま》っている五兵衛《ごへえ》たちにロープを引《ひ》き上《あ》げてもらう合図《あいず》を送《おく》るのでした。

銀《ぎん》の首輪《くびわ》はめいっぱい首《くび》に食《く》いこみました。呼吸《こきゅう》もままなりません。それでも銀《ぎん》はくわえたロープをはなそうとはしませんでした。

こうして銀《ぎん》は自分《じぶん》の命《いのち》をかけて、大輔《だいすけ》を助《たす》けることに成功《せいこう》したのです。その銀《ぎん》を見《み》た五兵衛《ごへえ》は、「このバカやろうが、もっとましなくくり方《かた》があんべに…」と言《い》いながらも、銀《ぎん》の行動《こうどう》に感心《かんしん》していました。

大輔《だいすけ》は思《おも》いました。「この恩《おん》は絶対忘《ぜったいわす》れないぞ銀《ぎん》、今度《こんど》はオレがおめエのためなら、いつでも命《いのち》を投《な》げ出《だ》してやっからよう」と。

雪山《ゆきやま》の猟《りょう》は、猟師《りょうし》と猟犬《りょうけん》の強《つよ》い信頼関係《しんらいかんけい》がなければ、どちらも命《いのち》を落《お》とすことになります。おたがいが命《いのち》をかけて助《たす》けあうことができてこそ、生《い》き残《のこ》ることができるのです。

熊犬《くまいぬ》

昔《むかし》から日本《にほん》の狩人《かりゅうど》（マタギ）が熊《くま》、鹿《しか》の狩猟《しゅりょう》のために使《つか》っていた中型狩猟犬《ちゅうがたしゅりょうけん》です。マタギ犬《けん》とも呼《よ》ばれます。

熊犬《くまいぬ》には北海道犬《ほっかいどうけん》（アイヌ犬《けん》）と東北地方《とうほくちほう》の秋田犬《あきたいぬ》がいます。それらの犬《いぬ》は、江戸時代《えどじだい》に土佐犬《とさいぬ》や洋犬《ようけん》などの大型犬《おおがたけん》との交配《こうはい》がおこなわれたことで、大型《おおがた》な種類《しゅるい》も生《う》まれました。闘犬《とうけん》の血筋《ちすじ》なども入《はい》り、獰猛《どうもう》で勇敢《ゆうかん》な犬《いぬ》も多《おお》いです。

作品《さくひん》紹介《しょうかい》

『銀牙《ぎんが》 ―流《なが》れ星《ぼし》 銀《ぎん》―』

著《ちょ》：高橋《たかはし》よしひろ　発行《はっこう》：集英社《しゅうえいしゃ》

スキー場《じょう》でロッジを経営《けいえい》している大輔《だいすけ》の家《いえ》で、熊《くま》犬《いぬ》リキとメスの富士《ふじ》の間《あいだ》に3匹《びき》の子犬《こいぬ》が産《う》まれた。その中《なか》の1匹《びき》、虎毛《とらげ》の子《こ》は「銀《ぎん》」と名《な》づけられた。

村《むら》でひとり熊犬《くまいぬ》を飼《か》う豪傑《ごうけつ》の猟師《りょうし》・竹田五兵衛《たけだごへえ》は、猟《りょう》の腕《うで》は一流《いちりゅう》だったが、無口《むくち》で酒癖《さけぐせ》が悪《わる》く、村人《むらびと》とのつきあいが少《すく》なかった。5年前《ねんまえ》、「赤《あか》カブト」と呼《よ》ばれている凶暴《きょうぼう》な熊《くま》と対決《たいけつ》した彼《かれ》は、左耳《ひだりみみ》をそぎ取《と》られてしまった。一方《いっぽう》、五兵衛《ごへえ》の放《はな》った弾丸《だんがん》は赤《あか》カブトの右目《みぎめ》を貫《つらぬ》いていたが、それでも赤《あか》カブトは死《し》ななかった。その赤《あか》カブトが再《ふたた》び村《むら》に現《あらわ》れた。

著者《ちょしゃ》プロフィール

高橋《たかはし》よしひろ

1953年《ねん》生《う》まれ。漫画家《まんがか》。『ボクサー』（原作《げんさく》：武論尊《ぶろんそん》）、『げんこつボーイ』（原作《げんさく》：牛次郎《ぎゅうじろう》）、『白《しろ》い戦士《せんし》ヤマト』『悪《あく》たれ巨人《ジャイアンツ》』『銀牙《ぎんが》 -流《なが》れ星《ぼし》 銀《ぎん》-』シリーズ、『甲冑《かっちゅう》の戦士雅武《せんしがむ》』ほか代表作多数《だいひょうさくたすう》。

「行《い》っちゃ やだあああーーっっ」

ドックセラピーを始《はじ》めた上総《かずさ》とアスカは 初《はじ》めて行《い》った病院《びょういん》で里乃《りの》と出会《であ》った。

「SOUL to SOUL」は、犬《いぬ》と患者《かんじゃ》のふれあいで心《こころ》の病《やまい》をいやしていく仕事《しごと》をしています。

新米《しんまい》セラピスト18歳《さい》の成瀬《なるせ》上総《かずさ》は、アスカというオス犬《いぬ》と組《く》んで、セラピーをおこなうことになります。

アスカは元気《げんき》よく車《くるま》いすの少女《しょうじょ》・片桐《かたぎり》里乃《りの》にかけより、しっぽをふって笑顔《えがお》を見《み》せます。ところが里乃《りの》は車《くるま》いすの車輪《しゃりん》で、アスカの前足《まえあし》を引《ひ》いて傷《きず》つけてしまいます。アスカは痛《いた》みをこらえ、声《こえ》を上《あ》げませんでした。

それを見《み》ていた上総《かずさ》は、里乃《りの》につかみかかりました。

「弱《よわ》いモンいじめがそんなに楽《たの》しいんか——!!!」

上総《かずさ》に怒鳴《どな》りつけられた里乃《りの》は歩《ある》けない足《あし》のまま、病室《びょうしつ》のベットの上《うえ》で感情《かんじょう》が高《たか》ぶって暴《あば》れるのでした。彼女《かのじょ》は動《うご》けない自分《じぶん》の足《あし》をうらみ、ふたりのことをうらんでいたのです。しかし、その足《あし》を歩《ある》けなくしているのが自分自身《じぶんじしん》だということもわかっていたのです。

数日後《すうじつご》、里乃《りの》のいる病院《びょういん》にセラピーの車《くるま》がとまりました。病院《びょういん》への出入《でい》りが禁止《きんし》になっているアスカは病院《びょういん》には入《はい》らないように車《くるま》に残《のこ》されましたが、ケージをはずして病院《びょういん》に入《はい》り、車《くるま》いすの里乃《りの》のとこ

▲上総《かずさ》とアスカを引《ひ》きとめようと大《おお》きな声《こえ》を上《あ》げた里乃《りの》は、思《おも》わず立《た》ち上《あ》がっていました。

キミノココロ　ボクノココロ

ろに行《い》ったのでした。

　しかし、里乃《りの》はボールをアスカが帰《かえ》ってこられないようにわざと病院《びょういん》の門《もん》の外《そと》に向《む》かって投《な》げます。そのボールを追《お》って行《い》ったアスカは車道《しゃどう》に飛《と》び出《だ》して、車《くるま》にはねられてしまいました。

　アスカのけがは深刻《しんこく》でした。脊髄《せきずい》を損傷《そんしょう》して後《うし》ろ足《あし》がまったく動《うご》かなくなってしまっていたのです。医者《いしゃ》は上総《かずさ》に、動《うご》けない犬《いぬ》はかわいそうだからと安楽死《あんらくし》をすすめます。しかし上総《かずさ》はそれを断《ことわ》ります。アスカの下半身《かはんしん》を支《ささ》える補強具《ほきょうぐ》を自作《じさく》して、アスカをまたいっしょにセラピーに連《つ》れていけるようにしたのです。

　その後《ご》、上総《かずさ》とアスカは里乃《りの》の病室《びょうしつ》を訪《おとず》れます。

　心《こころ》がゆがんでしまった里乃《りの》はアスカを下半《かはん》身不随《しんふずい》にしてしまった自分《じぶん》の罪《つみ》に心《こころ》を締《し》めつけられ、耐《た》え切《き》れなくなってベットから転《ころ》がり落《お》ちて、ふたりにあやまり続《つづ》けます。

　その里乃《りの》にアスカは、前《まえ》と同《おな》じようにすり寄《よ》っていったのです。里乃《りの》は驚《おどろ》きました。里《り》乃《の》は自分《じぶん》のせいで歩《ある》けなくなってその八《や》つ当《あ》たりでアスカをひどく傷《きず》つけたのに、アスカは犬《いぬ》なのに自分《じぶん》を許《ゆる》してくれている。その上《うえ》、不自由《ふじゆう》な体《からだ》でセラピー活動《かつどう》を続《つづ》けてみんなをはげましている。アスカはなんてすごいんだと里乃《りの》は思《おも》いました。上総《かずさ》は（やっぱかなわへん　かなわへんわ　アーくん）と思《おも》うのでした。

　里乃《りの》はアスカと上総《かずさ》に心《こころ》を開《ひら》き、歩《ある》くためのリハビリを始《はじ》めます。しかしいくらリハビリを続《つづ》けても、彼女《かのじょ》の足《あし》は動《うご》いてくれません。はげまし続《つづ》ける上総《かずさ》に里乃《りの》は「歩《ある》ける上総《かずさ》には…わかんない…」と言《い》って再《ふたた》びふたりを突《つ》き放《はな》します。しかたなく上総《かずさ》はアスカとその場《ば》から去《さ》ろうとします。ふたりの後《うし》ろ姿《すがた》を見《み》ていた里乃《りの》は、今《いま》までリハビリを続《つづ》けてがんばってこられたのは、みんな上総《かずさ》とアスカのはげましのおかげだとやっと気《き》づいたのです。

　そのふたりを遠《とお》ざけようとしたなんて自《じ》分《ぶん》はなんてバカなんだろうと里乃《りの》は思《おも》いました。そのとき大《おお》きな声《こえ》を上《あ》げて立《た》ち上《あ》がっていたのです。

「行《い》っちゃ　やだあああ――っっ」

　自分《じぶん》を傷《きず》つけても変《か》わらぬ好意《こうい》を里乃《りの》に向《む》けたアスカの純粋《じゅんすい》さが、立《た》てなかった彼《かの》女《じょ》の心《こころ》をすなおにさせた瞬間《しゅんかん》でした。

作品《さくひん》紹介《しょうかい》

『キミノココロ　ボクノココロ』

著《ちょ》：みやうち沙矢《さや》　発行《はっこう》：講談社《こうだんしゃ》

　新米《しんまい》セラピスト成瀬上総《なるせかずさ》18歳《さい》は、アスカというオス犬《いぬ》と組《く》んで、セラピーをおこなうことになる。その初日《しょにち》、上総《かずさ》とアスカは、病院《びょういん》に入院《にゅういん》している患者《かんじゃ》さんたちに、アスカのボール遊《あそ》びに参加《さんか》してもらおうと病《びょう》院《いん》の中庭《なかにわ》に集《あつ》まってもらうのだった。

　そこに来《き》ていた車《くるま》いすに乗《の》った少女《しょうじょ》・片桐里乃《かたぎりりの》は、自殺未遂《じさつみすい》が原因《げんいん》で、足《あし》は正常《せいじょう》なのに、歩《ある》けなくなってしまっていた。彼女《かのじょ》は上総《かずさ》とアスカに出会《であ》い、しだいに心《こころ》を開《ひら》き、歩《ある》くことができるようになる。そして彼《かれ》らと同《おな》じドッグセラピーの仕事《しごと》をいっしょに始《はじ》める。

著者《ちょしゃ》プロフィール

みやうち沙矢《さや》

ロイヤルグルーミング学院《がくいん》卒業《そつぎょう》、講談社《こうだんしゃ》「別冊《べっさつ》フレンド」でデビュー。代表作《だいひょうさく》には『ほんまに関《かん》ジャニ∞（エイト）!!』『キミとカンピアーレ！』『あたしとハサミは使《つか》いよう』『天使《てんし》のブレス』『あっかんべービー』『永遠《えいえん》のウィズ』などがある。

「シロあいたかったよ」

しんちゃんは、子犬《こいぬ》を拾《ひろ》って家《いえ》に連《つ》れて帰《かえ》りました。その子犬《こいぬ》のことを一目《ひとめ》で好《す》きになったのです。

ある日《ひ》のこと、しんちゃんが道《みち》ばたに捨《す》てられていた子犬《こいぬ》を連《つ》れて家《いえ》に帰《かえ》ると、お母《かあ》さんのみさえは買《か》い物《もの》に出《で》て、留守《るす》でした。

しんちゃんは、連《つ》れてきた子犬《こいぬ》にねぎをあげますが、子犬《こいぬ》はこまった顔《かお》をしてねぎを見《み》ています。その後《ご》、子犬《こいぬ》はお部屋《へや》の中《なか》でウンチをしてしまいました。しんちゃんはみさえが玄関《げんかん》に帰《かえ》ってくる音《おと》が聞《き》こえたので、ウンチの上《うえ》に新聞紙《しんぶんし》をかぶせ、子犬《こいぬ》は洋服《ようふく》ダンスの中《なか》に入《い》れてかくしました。

そんなことをしてもすぐに、みさえに見《み》つかってしまい、しんちゃんは、あらためてその子犬《こいぬ》を飼《か》いたいとみさえにたのみます。しかし、みさえはぜんぜん受《う》け入《い》れてくれません。それでもあきらめないしんちゃんは、子犬《こいぬ》に「シロ」という名前《なまえ》をつけますが、みさえは子犬《こいぬ》を捨《す》てなさいと言《い》って、しんちゃんを外《そと》に出《だ》しました。

しんちゃんは子犬《こいぬ》を、元《もと》の道《みち》ばたの段《だん》ボールに入《い》れておいていこうとするのですが、おきざりにして帰《かえ》ることができません。

▲あきっぽいしんちゃんが一生懸命《いっしょうけんめい》シロの世話《せわ》をしているのを見《み》て、しんちゃんがシロと離《はな》れたくないという気持《きも》ちがみさえに通《つう》じたようでした。

クレヨンしんちゃん　シロ編《へん》

そこでシロにかわって段《だん》ボールに入《はい》っていると、おまわりさんが通《とお》りかかりました。

しんちゃんは「鬼《おに》ババにすてられたの…」とさっきのことを話《はな》します。おまわりさんはしんちゃんとシロを連《つ》れて帰《かえ》り、みさえに「子《こ》どもを犬《いぬ》ころみたいに捨《す》てるとは、それでも親《おや》ですか!?」と怒《おこ》ってくれたのでした。

少《すこ》し話《はなし》がくいちがっていると思《おも》いましたが、それでもみさえは、しんちゃんとシロを家《いえ》の中《なか》に入《い》れてあげました。

こうしてシロを飼《か》うことをゆるされたしんちゃんですが、シロを飼《か》う条件《じょうけん》としてシロの世《せ》話《わ》は、全部《ぜんぶ》しんちゃんがやることと約束《やくそく》しました。

しかし、しんちゃんはとてもユニークな子《こ》どもです。みさえがシロにしつけを教《おし》えなさいと言《い》っても、みさえが思《おも》いもよらないことの数々《かずかず》をシロに教《おし》えようとして、そのたびにみさえに怒《おこ》られます。それでもしんちゃんは一生懸命《いっしょうけんめい》シロのしつけをして世《せ》話《わ》を焼《や》こうとしたのでした。

けれども、それから少《すこ》したち、みさえがしんちゃんに「最近《さいきん》シロの世《せ》話《わ》していないようだけど、どうして」と言《い》います。すると、しんちゃんはシロのことはもう忘《わす》れてしまったというようなことを言《い》います。みさえはあきっぽいしんちゃんの態度《たいど》に怒《おこ》りました。

「シロはよそにあげます」そう言《い》われたしんちゃんはあわてて「ちゃんとめんどう見《み》るから」とみさえにたのみます。

しんちゃんはシロの犬小屋《いぬごや》の掃除《そうじ》にとりかかります。それから1時間《じかん》たったのにしんちゃんは家《いえ》の中《なか》にもどってくる様子《ようす》がありません。みさえが見《み》に行《い》くと、しんちゃんはシロといっしょに犬小屋《いぬごや》の中《なか》で寝《ね》ていました。その寝顔《ねがお》を見《み》たみさえはしんちゃんがシロのことを大事《だいじ》に思《おも》っていることがわかったのでした。

それから、しんちゃんにシロをよそにあげるとは言《い》わなくなりました。しんちゃんもシロの散歩《さんぽ》はいつも自分《じぶん》で行《い》くようになりました。たまにご飯《はん》を上《あ》げるのを忘《わす》れるとシロは悲《かな》しそうな顔《かお》になります。それでもシロはしんちゃんが大好《だいす》きです。

作品《さくひん》紹介《しょうかい》

『クレヨンしんちゃん シロ編《へん》』

著《ちょ》：臼井儀人《うすいよしと》　発行《はっこう》：双葉社《ふたばしゃ》

しんちゃんはひろしとみさえの間《あいだ》に生《う》まれた野原家《のはらけ》の長男《ちょうなん》です。幼稚《ようち》園《えん》に入《はい》ってひまわりという妹《いもうと》が生《う》まれました。

1990年《ねん》「漫画《まんが》アクション」で連載《れんさい》開始《かいし》、その後《ご》2000年《ねん》「まんがタウン」に移籍《いせき》。1992年《ねん》からテレビアニ化《か》もされており、1993年《ねん》から毎年《まいとし》アニメ映《えい》画《が》も製作《せいさく》され、大人気《だいにんき》作品《さくひん》として制作《せいさく》が続《つづ》けられている（2017年《ねん》2月《がつ》時点《じてん》）。

著者《ちょしゃ》プロフィール

臼井儀人《うすいよしと》

1958年《ねん》生《う》まれ。漫画家《まんがか》。埼玉県《さいたまけん》春日部《かすかべ》生《う》まれ、しんちゃんの作品中《さくひんちゅう》の家《いえ》も春日部《かすかべ》にある。『だらくやストア物語《ものがたり》』『おーえるGUMI』『あんBaらんすぞ～ん』『くるぶし産業《さんぎょう》24時《じ》』『しわよせ人材派遣《じんざいはけん》(株《かぶ》)』『スーパー主婦月美《しゅふつきみ》さん』ほか代表作《だいひょうさく》多数《たすう》。

「いや……――歩《ある》こう…………おいで洋《よう》子《こ》」

庄造《しょうぞう》は脳《のう》の障害《しょうがい》から
のら猫《ねこ》のことを
家族《かぞく》と思《おも》いこんでしまった。

ブラック・ジャックにかかってきた緊急《きんきゅう》の往診《おうしん》依頼《いらい》は事故《じこ》で脳《のう》を痛《いた》めていた庄造《しょうぞう》からでした。庄造《しょうぞう》は、お金《かね》はいくらでも出《だ》すからと、猫《ねこ》の診察《しんさつ》にブラック・ジャックを呼《よ》びつけたのです。

ブラック・ジャックは怒《おこ》って帰《かえ》ってしまうのですが、様子《ようす》のおかしい庄造《しょうぞう》のことが気《き》になって、彼《かれ》のことを知《し》っている医者《いしゃ》から話《はなし》を聞《き》きました。すると、庄造《しょうぞう》は事故《じこ》の後《こう》遺症《いしょう》で脳血腫《のうけっしゅ》が頭《あたま》にでき、それがだんだん大《おお》きくなっているということでした。そのため、庄造《しょうぞう》はしばしば激《はげ》しい頭痛《ずつう》におそわれ続《つづ》けていたのです。

その脳血腫《のうけっしゅ》ができている場所《ばしょ》は、脳《のう》の中《なか》でも手術《しゅじゅつ》の難《むずか》しい脳底《のうてい》という部分《ぶぶん》でした。手術《しゅじゅつ》が難《むずか》しく、それが成功《せいこう》したとしても、その

▶庄造《しょうぞう》はため息《いき》をついてバスから降《お》り、心配《しんぱい》そうに自分《じぶん》を見《み》ている猫《ねこ》たちの方《ほう》にふりかえりました。

ブラック・ジャック　ネコと庄造《しょうぞう》と

後《ご》、副作用《ふくさよう》で死《し》ぬ危険性《きけんせい》が高《たか》い。だからそれまで周囲《しゅうい》の医者《いしゃ》は手《て》をつけなかったのです。そう聞《き》いたブラック・ジャックは事故《じこ》をおこした会社《かいしゃ》に手術《しゅじゅつ》の代金《だいきん》を出《だ》させて、庄造《しょうぞう》の脳《のう》血腫《けっしゅ》を取《と》りのぞいてあげたいと思《おも》いました。

会社《かいしゃ》との交渉《こうしょう》は事情《じじょう》を知《し》っている医者《いしゃ》にたのみ、庄造《しょうぞう》の猫《ねこ》を手術《しゅじゅつ》してあげると言《い》って庄造《しょうぞう》を病院《びょういん》に呼《よ》び出《だ》したのです。

ブラック・ジャックは庄造《しょうぞう》が連《つ》れてきた猫《ねこ》といっしょに庄造《しょうぞう》にも麻酔《ますい》をかけ、庄造《しょうぞう》の脳《のう》の手術《しゅじゅつ》を始《はじ》めます。洋子《ようこ》と呼《よ》ばれていた母《はは》ネコは、庄造《しょうぞう》と子猫《こねこ》の危険《きけん》を察知《さっち》して、手術室《しゅじゅつしつ》の前《まえ》ではげしく鳴《な》き、手術室《しゅじゅつしつ》のドアをひっかき続《つづ》けます。

ブラック・ジャックは難《むずか》しいとされている脳血腫《のうけっしゅ》の手術《しゅじゅつ》を成功《せいこう》させました。手術後《しゅじゅつご》、意識《いしき》のもどった庄造《しょうぞう》には、正常《せいじょう》な思考《しこう》がもどっていました。その彼《かれ》にブラック・ジャックは事故《じこ》で彼《かれ》の家族《かぞく》がみんな死《し》んでしまったことを告《つ》げます。

庄造《しょうぞう》は激《はげ》しいショックを受《う》けます。そこに病室《びょうしつ》のドアを開《あ》けて、猫《ねこ》の洋子《ようこ》が入《はい》ってきます。洋子《ようこ》は庄造《しょうぞう》が寝《ね》ているベッドに駆《か》け上《あ》がり彼《かれ》の無事《ぶじ》を喜《よろこ》びます。

しかし正常《せいじょう》にもどった庄造《しょうぞう》にはただの猫《ねこ》にしか見《み》えず、物《もの》を投《な》げつけて病院《びょういん》から追《お》い出《だ》してしまいました。

退院《たいいん》した庄造《しょうぞう》は、家族《かぞく》との思《おも》い出《で》があるその土地《とち》からはなれることを決《き》めます。ブラック・ジャックや関係者《かんけいしゃ》にそのことを告《つ》げ、庄造《しょうぞう》は大《おお》きな荷物《にもつ》をもって家《いえ》から出《で》ていくのでした。そのあとを猫《ねこ》たちが追《お》いかけます。庄造《しょうぞう》は何度《なんど》も追《お》いはらおうとしますが猫《ねこ》たちははなれません。彼《かれ》はバスに乗《の》ってそこから去《さ》っていこうとします。しかしバスに乗《の》ろうとしたとき、バスガイドから猫《ねこ》はバスには乗《の》れないと言《い》われ、彼《かれ》は自分《じぶん》を心配《しんぱい》そうに見上《みあ》げている数匹《すうひき》の猫《ねこ》たちの方《ほう》をふりかえるのです。そして庄造《しょうぞう》は猫《ねこ》たちに言《い》います。

「いや……——歩《ある》こう………おいで洋子《ようこ》」

庄造《しょうぞう》はおかしくなってからずっと家族《かぞく》にかわって、自分《じぶん》といっしょに暮《く》らしてくれた猫《ねこ》たちを新《あたら》しい家族《かぞく》と認《みと》めたのでした。

猫《ねこ》たちは、それまで彼《かれ》の自分《じぶん》たちに向《む》ける愛情《あいじょう》を信《しん》じてついてきたのです。その気《き》持《も》ちがついに庄造《しょうぞう》に通《つう》じたのでした。

作品《さくひん》紹介《しょうかい》

『ブラック・ジャック　ネコと庄造《しょうぞう》と』
著《ちょ》：手塚治虫《てづかおさむ》　発行《はっこう》：秋田書店《あきたしょてん》

ある大雪《おおゆき》の日《ひ》、がけの下《した》にあった数軒《すうけん》の家《いえ》が、がけ崩《くず》れの下敷《したじ》きになってしまった。

その一軒《いっけん》に庄造《しょうぞう》の家《いえ》があった。庄造《しょうぞう》はその事故《じこ》で頭《あたま》を強《つよ》く打《う》って、おかしくなってしまう。補償金《ほしょうきん》や慰謝料《いしゃりょう》はもらったが、庄造《しょうぞう》のあたまは正常《せいじょう》にもどらず、事故《じこ》で亡《な》くなった奥《おく》さんと子《こ》どもが帰《かえ》ってくるのを待《ま》ち続《つづ》けていた。

ある日《ひ》、のら猫《ねこ》の親子《おやこ》が家《いえ》の軒下《のきした》に住《す》みついた。庄造《しょうぞう》はその猫《ねこ》たちを見《み》たとたん家族《かぞく》が帰《かえ》ってきたと思《おも》いこんでしまう。彼《かれ》は猫《ねこ》たちを家《いえ》に入《い》れ、母猫《ははねこ》のことを「洋子《ようこ》」と呼《よ》び家族《かぞく》のようにあつかうのだが……。

著者《ちょしゃ》プロフィール

手塚治虫《てづかおさむ》
1928年《ねん》（昭和《しょうわ》3年《ねん》）生《う》まれ。虫《むし》プロダクションを設《せつ》立《りつ》し日本《にほん》初《はつ》、テレビアニメシリーズ『鉄腕《てつわん》アトム』を制《せい》作《さく》、発表《はっぴょう》。『ブラック・ジャック』『三《み》つ目《め》がとおる』『ブッダ』他《ほか》、多数《たすう》の名作《めいさく》を執筆《しっぴつ》。また青年《せいねん》コミック誌《し》上《じょう》でも傑作《けっさく》を多数《たすう》発表《はっぴょう》、『陽《ひ》だまりの樹《き》』『アドルフに告《つ》ぐ』などを残《のこ》す。デビューから死去《しきょ》まで常《つね》に第一線《だいいっせん》で作《さく》品《ひん》を発表《はっぴょう》し、「マンガの神様《かみさま》」と言《い》われた。

「抜《ぬ》かれるとくやしいけど抜《ぬ》くのはうれしい…だから どうせならうれしい思《おも》いすんのね…」

たれ蔵《ぞう》はリッチファームで生涯《しょうがい》の宿敵《しゅくてき》カスケードに出会《であ》った。

競走馬《きょうそうば》のマキバオーはネズミのチュウ兵《べ》衛《え》親分《おやぶん》に「うんこたれ蔵《ぞう》」と名《な》づけられます。早《はや》くたれ蔵《ぞう》にレースを経験《けいけん》させたいチュウ兵《べ》衛《え》は、こっそり本多《ほんだ》リッチファームにむかいます。そこでチュウ兵《べ》衛《え》は、練習《れんしゅう》している競走馬《きょうそうば》たちのところに飛《と》びこんで、たれ蔵《ぞう》に1周《しゅう》の勝負《しょうぶ》をしてみようと持《も》ちかけます。たれ蔵《ぞう》は見事《みごと》に朝日杯《あさひはい》3着《ちゃく》の馬《うま》をぬいて1周走《しゅうはし》りきります。

その走《はし》りを見《み》ていた本多《ほんだ》リッチファームの社長《しゃちょう》は、たれ蔵《ぞう》と同級生《どうきゅうせい》だという天才馬《てんさいば》「カスケード」を紹介《しょうかい》し、たれ蔵《ぞう》を戦《たたか》わせたいと提案《ていあん》してきたのです。たれ蔵《ぞう》の調教師《ちょうきょうし》のおっさんは、あわててそのさそいを辞退《じたい》します。競走馬《きょうそうば》が幼《おさな》いころに手《て》ひどい負《ま》けを体験《たいけん》すると、その後《あと》もう走《はし》る気《き》を失《な》くしてしまうことを恐《おそ》れたのです。

しかし、チュウ兵《べ》衛《え》はそれに納得《なっとく》できません。本多《ほんだ》社長《しゃちょう》の挑発《ちょうはつ》にまんまと乗《の》せられ、たれ蔵《ぞう》とコースに飛《と》びこんだのです。

最初《さいしょ》飛《と》び出《だ》したたれ蔵《ぞう》ですが1周目《しゅうめ》であっさり抜《ぬ》かれ、その後《ご》もスピードを上《あ》げていくカスケードになすすべもなく負《ま》けてしまいます。しかもたれ蔵《ぞう》はレース後半《こうはん》で転倒《てんとう》してしまうのでした。

医者《いしゃ》に診《み》てもらうと、たれ蔵《ぞう》は心房細動《しんぼうさいどう》※をおこしていました。チュウ兵《べ》衛《え》はたれ蔵《ぞう》がたおれたのはムチャをさせた自分《じぶん》のせいと感《かん》じ、寝《ね》ているたれ蔵《ぞう》に深《ふか》く頭《あたま》を下《さ》げます。

たれ蔵《ぞう》は、寝《ね》ながらうわごとのように「ぼくはもうあんなくやしいおもいはしたくないのよね…」と言《い》います。チュウ兵《べ》衛《え》はたれ蔵《ぞう》がおっさんの言《い》うとおり、自信《じしん》をなく

競走馬《きょうそうば》

レース用《よう》に改良《かいりょう》された馬《うま》のことです。

イギリスではじまった競走馬《きょうそうば》の育成《いくせい》は、アラブ種《しゅ》を改良《かいりょう》したサラブレッドでした。現在《げんざい》、世界各国《せかいかっこく》の平地競走《へいちきょうそう》や障害競走《しょうがいきょうそう》ではそのサラブレッドが主流《しゅりゅう》となっています。日本《にほん》はサラブレッド競走馬生産国《きょうそうばせいさんこく》としては世界第《せかいだい》5位《い》です。北海道《ほっかいどう》の日高地方《ひだかちほう》、青森県《あおもりけん》、岩手県《いわてけん》などに、サラブレッドを生産《せいさん》する牧場《ぼくじょう》が多《おお》いです。

※心房細動《しんぼうさいどう》：サラブレットがレースや強《つよ》い調教中《ちょうきょうちゅう》におこす心臓発作《しんぞうほっさ》。健康《けんこう》な馬《うま》でもおこり、一日安静《いちにちあんせい》にすればなおることが多《おお》い。

▲朝《あさ》おきて、うれしそうにはしゃいでいるたれ蔵《ぞう》にチュウ兵衛《べえ》は、どうしたのか聞《き》きます。

してしまったと思《おも》います。

翌日《よくじつ》、練習場《れんしゅうじょう》で元気《げんき》よくはねまわるたれ蔵《ぞう》がいました。チュウ兵衛《べえ》が「お前《まえ》…もうあんなくやしい思《おも》いしたくねえとか言《い》ってたくせに…」と聞《き》くと、たれ蔵《ぞう》は「そうよ…だから、走《はし》るのよね…抜《ぬ》かれるとくやしいけど抜《ぬ》くのはうれしい…だから　どうせならうれしい思《おも》いすんのね…」と答《こた》えるのでした。

生粋《きっすい》の競走馬《きょうそうば》の血《ち》をもって生《う》まれたたれ蔵《ぞう》は、一度《いちど》負《ま》けたくらいでへこたれる弱《よわ》い馬《うま》ではありませんでした。すぐに元気《げんき》になって、次《つぎ》は負《ま》けないと、前《まえ》を見《み》て進《すす》む強《つよ》い心《こころ》を持《も》っていたのです。カスケードというライバルができて、むしろうれしいと思《おも》うたれ蔵《ぞう》でした。

作品《さくひん》紹介《しょうかい》

『みどりのマキバオー』

著《ちょ》：つの丸《まる》　発行《はっこう》：集英社《しゅうえいしゃ》

北海道鵡川《ほっかいどうむかわ》みどり牧場《ぼくじょう》でミドリコという雌馬《めすうま》が産《う》んだ仔馬《こうま》は幻《まぼろし》の毛色《けいろ》、白毛《しろげ》だった。

その後《ご》、牧場《ぼくじょう》の借金《しゃっきん》によって、ミドリコは売《う》られてしまう。そのミドリコの後《あと》を追《お》って仔馬《こうま》は牧場《ぼくじょう》の外《そと》へと飛《と》び出《だ》すのだった。森《もり》の中《なか》でネズミのチュウ兵衛《べえ》と出会《であ》い、親分《おやぶん》となったチュウ兵衛《べえ》から「うんこたれ蔵《ぞう》」の名前《なまえ》をもらう。

その後《ご》、たれ蔵《ぞう》は大《おお》きく成長《せいちょう》し、再《ふたた》びみどり牧場《ぼくじょう》に帰《かえ》り、競走馬《きょうそうば》として活躍《かつやく》していく。

著者《ちょしゃ》プロフィール

つの丸《まる》

1970年《ねん》生《う》まれ。漫画家《まんがか》。『モンモンモン』『サバイビー』『重臣《じゅうしん》　猪狩虎次郎《いかりとらじろう》』『ごっちゃんです!!』『天職《てんしょく》貴族《きぞく》モン次郎《じろう》』『がんばれ!パンダ内閣《ないかく》』『わんぱくカッパ岸辺《きしべ》のサブロー』ほか代表作《だいひょうさく》多数《たすう》。『みどりのマキバオー』の続編《ぞくへん》である『たいようのマキバオーW』を連載中《れんさいちゅう》（2017年《ねん》2月《がつ》時点《じてん》）。

「動物《どう》《ぶつ》を飼《か》うということ……それは……あなたが最大限《さいだいげん》の努力《どりょく》をしてその命《いのち》を守《まも》るということです。……つまり、あなたの命《いのち》を削《けず》って与《あた》えるということなんですよ……」

岩丸動物病院《いわまるどうぶつびょういん》に赴任《ふにん》した綿吹《わたぶき》の初《はじ》めての患者《かんじゃ》。

岩丸動物病院《いわまるどうぶつびょういん》にN大学農業医学部卒業《だいがくのうぎょういがくぶそつぎょう》の綿吹美里《わたぶきみさと》が赴任《ふにん》して最初《さいしょ》に診《み》た患者《かんじゃ》は、緑《みどり》山《やま》という運送会社《うんそうがいしゃ》の2代目社長《だいめしゃちょう》が、1年前《ねんまえ》、急死《きゅうし》した父《ちち》から会社《かいしゃ》とともにゆずり受《う》けたペットのアカゲザルの秀吉《ひでよし》でした。

秀吉《ひでよし》はそれまでふたりの人間《にんげん》にかみつき、ひとりは6針《はり》もぬう大《おお》けがを負《お》っていました。そこで緑山《みどりやま》は綿吹《わたぶき》に秀吉《ひでよし》の安楽死《あんらくし》を依《い》頼《らい》しにきたのです。

獣医《じゅうい》として経験《けいけん》のない綿吹《わたぶき》は、安楽死《あんらくし》させずに、犬歯《けんし》を切《き》ることを緑山《みどりやま》に提案《ていあん》しましたが、犬歯《けんし》を切《き》るとその部分《ぶぶん》が化膿《かのう》し、顔中膿《かおじゅううみ》だらけになると指摘《してき》され、言葉《ことば》を失《うしな》います。

それでも綿吹《わたぶき》は人間《にんげん》の都合《つごう》で動物《どうぶつ》の命《いのち》をうばおうとする緑山《みどりやま》に強《つよ》く反発《はんぱつ》します。緑山《みどりやま》は彼女《かのじょ》の怒《いか》りにおされて、秀吉《ひでよし》の処分《しょぶん》を彼女《かのじょ》にまかせ、もらい手《て》を見《み》つけたら処分《しょぶん》しないという条件《じょうけん》を伝《つた》え病院《びょういん》をいったん去《さ》ります。

そこに帰《かえ》ってきた岩丸知祐《いわまるともひろ》は、噛《か》みぐせのついた猿《さる》は一般的《いっぱんてき》にもらい手《て》がなく、長《なが》く人間《にんげん》に飼《か》われていた猿《さる》は、動物園《どうぶつえん》に入《はい》っても猿《さる》のルールに適応《てきおう》できず不幸《ふこう》になると彼女《かのじょ》に教《おし》えます。

もらい手《て》が見《み》つからないまま1週間《しゅうかん》が過《す》ぎ、あきらめかけた綿吹《わたぶき》は岩丸《いわまる》に「いざとなったら私《わたし》が飼《か》いますから」と宣言《せんげん》します。

それに対《たい》して岩丸《いわまる》はこう言《い》います。

「動物《どうぶつ》を飼《か》うということ……それは……あなたが最大限《さいだいげん》の努力《どりょく》をしてその命《いのち》を守《まも》るということです。……つまり、あなたの命《いのち》を削《けず》って与《あた》えるということなんですよ……」

岩丸《いわまる》は、彼女《かのじょ》の言葉《ことば》に覚悟《かくご》の重《おも》みがないことを教《おし》えるのです。

綿吹《わたぶき》はそう言《い》われてもなお、あきらめずにもらい手《て》を探《さが》し続《つづ》ける道《みち》を選《えら》びます。そこで岩丸《いわまる》は緑山社長《みどりやましゃちょう》を呼《よ》びつけ、自分《じぶん》で安《あん》楽死《らくし》させるなら殺《ころ》すことに同意《どうい》するという条件《じょうけん》を告《つ》げます。

そうして呼《よ》びつけた緑山《みどりやま》に、岩丸《いわまる》は猿《さる》の習性《しゅうせい》を教《おし》えます。

猿《さる》は一般的《いっぱんてき》に厳《きび》しい社会制度《しゃかいせいど》を持《も》った動物《どうぶつ》で、リーダーには絶対服従《ぜったいふくじゅう》なのです。だから秀吉《ひでよし》は先代社長《せんだいしゃちょう》をボスと認《みと》めておとなしかった。しかし、息子《むすこ》の緑川社長《みどりかわしゃちょう》のことは飼《か》い主《ぬし》とは認《みと》めていないから言《い》うことをきかないと教《おし》えるのです。

それを聞《き》かされた緑山《みどりやま》は自分《じぶん》をボスと認《みと》めるまで秀吉《ひでよし》を飼《か》い続《つづ》けることを決心《けっしん》します。

問題《もんだい》の犬歯《けんし》は、岩丸《いわまる》のアイデアで犬歯《けんし》に代《か》わって人《ひと》の歯《は》を移植《いしょく》することで解消《かいしょう》しました。こうして秀吉《ひでよし》は、緑山《みどりやま》の社長室《しゃちょうしつ》に帰《かえ》っていったのでした。

▶岩丸《いわまる》は行《い》き先《さき》を失《な》くした秀吉《ひでよし》を飼《か》うと言《い》った綿吹《わたぶき》に、動物《どうぶつ》を飼《か》う覚悟《かくご》を問《と》います。

作品《さくひん》紹介《しょうかい》

『IWAMAL岩丸動物診療譚《いわまるどうぶつしんりょうたん》』

著《ちょ》：玉井雪雄《たまいゆきお》　発行《はっこう》：小学館《しょうがくかん》

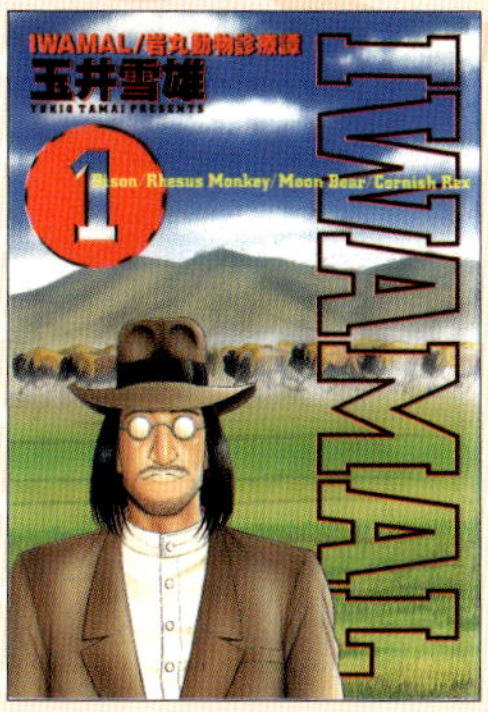

一見《いっけん》していい加減《かげん》だと周囲《しゅうい》に誤解《ごかい》されがちな獣医《じゅうい》・岩丸知祐《いわまるともひろ》は、実《じつ》は超一流《ちょういちりゅう》の腕《うで》を持《も》ち、世界《せかい》をまたにかける天才獣医《てんさいじゅうい》だった。

彼《かれ》は往診《おうしん》した先々《さきざき》で人間《にんげん》の思惑《おもわく》にふりまわされる動物《どうぶつ》たちの受難《じゅなん》を解《と》き放《はな》っていく。アメリカ中西部《ちゅうせいぶ》の映画《えいが》のロケ現場《げんば》で、火薬《かやく》の仕《し》かけが暴発《ぼうはつ》し、7頭《とう》のバッファローが大《おお》けがをしてしまい、プロデューサーはWAAC（全米動物愛護連盟《ぜんべいどうぶつあいごれんめい》）の視察《しさつ》に備《そな》え、バッファローを処分《しょぶん》しようとする。しかし、岩丸《いわまる》はそのバッファローを助《たす》けただけでなく事故《じこ》の巻《ま》きぞえになった馬《うま》まで短時間《たんじかん》で救《すく》った。そんな岩丸《いわまる》が日本《にほん》で開業《かいぎょう》した岩丸動物病院《いわまるどうぶつびょういん》に、N大学農業医学部卒業《だいがくのうぎょういがくぶそつぎょう》の綿吹美里《わたぶきみさと》が赴任《ふにん》し、岩丸《いわまる》とともに世界《せかい》の動物《どうぶつ》たちを救《すく》う旅《たび》に出《で》る。

著者《ちょしゃ》プロフィール

玉井雪雄《たまいゆきお》

1970年《ねん》生《う》まれ。映画《えいが》の助監督《じょかんとく》の経験《けいけん》を積《つ》み、『さらば山中《さんちゅう》』でスピリッツ新人《しんじん》コミック大賞《たいしょう》を受賞《じゅしょう》。『ゆりかちゃん』『極嬢《ごくじょう》ナイアガラ娘《むすめ》』「オメガトライブ」シリーズ、『かもめ☆チャンス』『じこまん』『ケダマメCHAOS DAMN-AGE MAN X』ほか代表作《だいひょうさく》多数《たすう》。

「ひとつだけわかった デネブは野良猫《のらねこ》だったら たぶん生《い》きてない」

保護《ほご》した子猫《こねこ》は、やがて介護《かいご》無《な》しでは生《い》きられない体《からだ》となった。

著者《ちょしゃ》の九尾《きゅうび》たかこは、母猫《ははねこ》に置《お》いていかれたオスの子猫《こねこ》を保護《ほご》し、先輩猫《せんぱいねこ》のベガとアルタイルにちなみ、デネブという星《ほし》の名《な》前《まえ》をつけて育《そだ》てることにしました。デネブは体《からだ》が弱《よわ》く、下半身《かはんしん》のすわりが悪《わる》いものの、人《ひと》なつっこい性格《せいかく》や、子猫《こねこ》らしい好奇心旺《こうきしんおう》盛《せい》な姿《すがた》から、すぐに家族《かぞく》や友人《ゆうじん》たちに可愛《かわい》がられる存在《そんざい》となっていきます。

しかし、デネブはある夜《よる》、重《おも》い膀胱炎《ぼうこうえん》で生《せい》命《めい》の危機《きき》におちいった後《あと》、後《うし》ろ足《あし》が立《た》たなくなり、排尿障害《はいにょうしょうがい》をともなう下半身麻痺《かはんしんまひ》になってしまいます。排尿障害《はいにょうしょうがい》については、人《ひと》が手《て》伝《つだ》う圧迫排尿《あっぱくはいにょう》という方法《ほうほう》を獣医師《じゅういし》から教《おそ》わり、なんとか危機《きき》を乗《の》りこえられそうでしたが、障害自体《しょうがいじたい》は改善《かいぜん》の見《み》こみが薄《うす》く、一生介《いっしょうかい》護《ご》が必要《ひつよう》な状態《じょうたい》となってしまいます。

ペットは、心《こころ》を豊《ゆた》かにしてくれる。

人《ひと》の介護無《かいごな》しでは生《い》きられない状態《じょうたい》でも、子猫《こねこ》のデネブは年相応《としそうおう》にやんちゃであり、前足《まえあし》だけで歩《ある》きまわる、たくましい姿《すがた》を見《み》せます。しかし成長《せいちょう》はおそく、下半身麻痺《かはんしんまひ》などの症状《しょうじょう》は深刻《しんこく》さを増《ま》していきました。

デネブの命《いのち》が長《なが》くはないことを知《し》りつつも、九尾《きゅうび》と家族《かぞく》は、「治療法《ちりょうほう》が無《な》くても、せめて納得《なっとく》できれば」という気持《きもち》で、獣医《じゅうい》の大学《だいがく》付属病院《ふぞくびょういん》に検査《けんさ》に向《む》かいます。しかし、CTやMRIなど高度《こうど》な医療設備《いりょうせつび》での検査《けんさ》でも、すでにわかっていた症状以外《しょうじょういがい》、あらたな原因《げんいん》は見《み》つかりませんでした。大学《だいがく》の教《きょう》授《じゅ》は首《くび》をかしげながら、「野性《やせい》のカンで、母《はは》猫《ねこ》はこの子《こ》の先天的《せんてんてき》な障害《しょうがい》を察知《さっち》して、厳《きび》しい自然界《しぜんかい》では育《そだ》たないと判断《はんだん》して置《お》いていった」のかもと言《い》いました。

九尾《きゅうび》たちは「結局何《けっきょくなに》もわからなかった」で

ペットとは？

ペット（愛玩動物《あいがんどうぶつ》）とは、人《ひと》が愛情《あいじょう》を持《も》って育《そだ》てるために、生活《せいかつ》の場《ば》をともにする動物《どうぶつ》のことです。仕事《しごと》をさせたり食用《しょくよう》とする、人《ひと》が利用《りよう》するための家畜《かちく》との分類《ぶんるい》はあいまいで、両方《りょうほう》をかねる場合《ばあい》もあります。

飼《か》われる動物《どうぶつ》には、犬《いぬ》や猫《ねこ》、小鳥《ことり》、金魚《きんぎょ》などの観賞魚《かんしょうぎょ》、小《ちい》さめの爬虫類《はちゅうるい》、げっ歯類《しるい》など実《じつ》に様々《さまざま》です。動物《どうぶつ》と人《ひと》との関係性《かんけいせい》によりつけられる分類名《ぶんるいめい》ですので、法律的《ほうりつてき》に飼《か》うことが問題《もんだい》なく、かつ社会的《しゃかいてき》に受《う》け入《い》れられ、愛情《あいじょう》を注《そそ》ぐことで心《こころ》の充足《じゅうそく》が得《え》られる動物《どうぶつ》であれば、すべてペットになりえます。

もひとつだけわかった デネブは野良猫《のらねこ》だったらたぶん生《い》きてない」と納得《なっとく》するしかありませんでした。そして、デネブのこれからの生活《せいかつ》がより良《よ》いものとなるよう、先住《せんじゅう》の猫《ねこ》とふれ合《あ》わせるなど環境《かんきょう》を変《か》えていきます。やがてそれはひとつの奇跡《きせき》を生《う》むことになります。

人《ひと》とペットは飼《か》う飼《か》われる関係《かんけい》だけでなく、たがいにおぎないあう関係《かんけい》でもあります。人《ひと》はひと目《め》でわかるような"優秀《ゆうしゅう》さ"や"強《つよ》さ"など、そんな尺度《しゃくど》だけでペットを愛《あい》するわけではありません。様々《さまざま》な個性《こせい》を認《みと》め、関係《かんけい》のあり方《かた》に豊《ゆた》かさを感《かん》じ取《と》り、愛情《あいじょう》を交《か》わすことで互《たが》いに生《い》きる力《ちから》を与《あた》えあうのです。デネブは自然界《しぜんかい》では単《たん》に死《し》ぬだけの存《そん》在《ざい》かもしれませんが、ペットとしては生《い》きる力《ちから》を与《あた》えあえる存在《そんざい》となるのです。

▲母猫《ははねこ》は野性《やせい》のカンで猫《ねこ》を"置《お》いていく"という判断《はんだん》をしたが、著者《ちょしゃ》は子猫《こねこ》を"拾《ひろ》う"のでした。その子猫《こねこ》は"予想外《そうがい》のネタ"をたくさんプレゼントしてくれました。

著者《ちょしゃ》プロフィール

九尾《きゅうび》たかこ

東京都《とうきょうと》出身《しゅっしん》。漫画《まんが》専門学校《せんもんがっこう》の講師《こうし》を務《つと》めるほか、漫画《まんが》家《か》、イラストレーターとしても活躍中《かつやくちゅう》。

作品《さくひん》紹介《しょうかい》 『子猫《こねこ》がわたしにくれたもの 保護《ほご》した猫《ねこ》は要介護《ようかいご》!?』

著《ちょ》：九尾《きゅうび》たかこ　発行《はっこう》：双葉社《ふたばしゃ》

著者《ちょしゃ》が保護《ほご》した、障害《しょうがい》のあるのらの子猫《こねこ》と過《す》ごした日々《ひび》を描《えが》いた、実録《じつろく》エッセイ漫画《まんが》。

九尾《きゅうび》はとある暑《あつ》い日《ひ》、講師《こうし》をしている専門学校《せんもんがっこう》の敷地内《しきちない》で、母《はは》猫《ねこ》に置《お》いていかれた子猫《こねこ》を保護《ほご》する。子猫《こねこ》は少《すこ》し元気《げんき》がなく下半《かはん》身《しん》の力《ちから》が弱《よわ》かったが、猫《ねこ》にくわしい友人《ゆうじん》の助《たす》けをかり、足腰《あしこし》を訓《くん》練《れん》すると次第《しだい》に活発《かっぱつ》になり、人《ひと》なつっこい性格《せいかく》から九尾《きゅうび》の周囲《しゅうい》をなごませる存在《そんざい》となる。

しかし、日《ひ》がたつにつれ、次々《つぎつぎ》に原因不明《げんいんふめい》の症状《しょうじょう》があらわれ、ついに子猫《こねこ》は介護《かいご》なしでは生《い》きられなくなってしまう。そんな子《こ》猫《ねこ》を、九尾《きゅうび》たちは、いとおしく思《おも》い大事《だいじ》に育《そだ》てていったが……。

「生《い》き物《もの》はひとりでは生《い》きていけません 利用《りよう》したり利用《りよう》されたり いろんな種類《しゅるい》がいるから 生物《せいぶつ》は生《い》きていけるんです」

生き物は
ひとりでは
生きていけません
利用したり
利用されたり
いろんな種類が
いるから生物は
生きていけるんです
実はオオカミも
森のキーストーン種と
いえるんですよ
人間がオオカミの
獲物である草食動物を
狩ってしまったため
食べるものねーよ!!
腹すいた 腹すいた
あれを食おう…
人間に駆除《くじょ》される
危険を冒してまで
家畜《かちく》を襲ったんですね
そんなオオカミは
家畜を襲う
害獣として駆除され
オオカミが
いなくなったことで
シカや
イノシシが増え
様々な害を及ぼします。
そして…
わらわら
わらわら
何?
何?
※様々な理由のうちの一例です

▶森《もり》のキーストーン種《しゅ》オオカミを狩《か》ると、シカやイノシシが増《ふ》えて害《がい》をおよぼします。

なぜ人里《ひとざと》に熊《くま》が現《あらわ》れるようになったのか。

あるとき、長野駅《ながのえき》に熊《くま》が現《あらわ》れたというニュースを見《み》た主人公《しゅじんこう》の獣医師《じゅういし》・北澤功《きたざわいさお》は、動物園《どうぶつえん》の獣医《じゅうい》時代《じだい》に親《おや》から離《はな》れ迷《まよ》い熊《くま》となって保護《ほご》された二頭《にとう》のツキノワグマの子《こ》どもを苦労《くろう》して育《そだ》てたことを思《おも》い出《だ》します。おそらくその子《こ》たちの親《おや》は、エサを求《もと》めて人里《ひとざと》に現《あらわ》れ射殺《しゃさつ》されたのでしょう。北澤《きたざわ》は助手《じょしゅ》に、子熊《こぐま》を育《そだ》てたことについて語《かた》り、なぜ人里《ひとざと》に熊《くま》が出《で》てくるのか、その生態《せいたい》の説明《せつめい》をしました。

日本《にほん》では昔《むかし》から、自然《しぜん》や動物《どうぶつ》を神《かみ》として大切《たいせつ》にする文化《ぶんか》がありました。町《まち》、田畑《たはた》、里山《さとやま》、森《もり》、山《やま》と段階的《だんかいてき》に距離《きょり》をとり、里《さと》の近《ちか》くの人工植林地《じんこうしょくりんち》まで野生動物《やせいどうぶつ》の世界《せかい》との境界《きょうかい》を整備《せいび》してきました。そうすることで、小《ちい》さ

な島国《しまぐに》でありながら、世界的《せかいてき》にみても例《れい》の少《すく》ないツキノワグマなどの大型肉食獣《おおがたにくしょくじゅう》が絶滅《ぜつめつ》をまぬがれ生息《せいそく》できたのです。

しかし、近年《きんねん》、林業《りんぎょう》の衰退《すいたい》で「里山《さとやま》（人《ひと》と小動物《しょうどうぶつ》が同居《どうきょ》している領域《りょういき》）」の管理《かんり》が行《ゆ》きとどかなくなり、熊《くま》のえさとなる動物《どうぶつ》の生息地《せいそくち》が移動《いどう》し、住宅地《じゅうたくち》の開発《かいはつ》などで「里山《やま》」が失《うしな》われて共存《きょうぞん》の境界《きょうかい》である「奥山《おくやま》（熊《くま》などの大型動物《おおがたどうぶつ》がいる領域《しょういき》）」との境界線《きょうかいせん》が薄《うす》くなりました。そして、人里《ひとざと》には、家畜《かちく》や、生《なま》ゴミなど餌《えさ》となりうるものがあるため、熊《くま》が境界《きょうかい》をこえて人里《ひとざと》に出《で》てくるようになったのです。

自然《しぜん》の脅威《きょうい》から身《み》を守《まも》り、
自然《しぜん》から利益《りえき》を受《う》けるためには、
自然物《しぜんぶつ》を生《い》かし、
住《す》み分《わ》け共存《きょうぞん》することが大切《たいせつ》。

北澤《きたざわ》は、熊《くま》だけでなくカワウソやオオカミも、人間《にんげん》の文化《ぶんか》の発達《はったつ》や考《かんが》え方《かた》の変化《へんか》により、共存《きょうぞん》ができなくなり絶滅《ぜつめつ》したと言《い》います。そして、オオカミが森《もり》の生態系《せいたいけい》の中《なか》で、草食動物《そうしょくどうぶつ》を狩《か》ることで全体《ぜんたい》のバランスを維持《いじ》するキーストーン種《しゅ》だったことを説明《せつめい》します。人間《にんげん》がその場《ば》の利益《りえき》のために、オオカミを絶滅《ぜつめつ》させたため、草食動物《そうしょくどうぶつ》のシカなどが増《ふ》え、あらゆる恵《めぐみ》をもたらす森《もり》が食《た》べつくされ、やがて草食動物《そうしょくどうぶつ》も滅《ほろ》んでしまったのです。

キーストーン種《しゅ》でなくても、生態系《せいたいけい》の個々《ここ》の生《い》き物《もの》にはすべて因果関係《いんがかんけい》があります。熊《くま》の人里《ひとざと》への出没《しゅつぼつ》、そこからおきる、人《ひと》への被害《ひがい》や殺処分《さつしょぶん》など双方《そうほう》の不幸《ふこう》な結末《けつまつ》も、人々《ひとびと》の営《いとな》みの変化《へんか》やその土地《とち》の開発《かいはつ》により、共存《きょうぞん》の境界線《きょうかいせん》が壊《こわ》されたためにおきた悲劇《ひげき》と言《い》えます。

キーストーン種《しゅ》とは？

「中枢種《ちゅうすうしゅ》」とも呼《よ》ばれ、森林《しんりん》や水辺《みずべ》などにおける生態系《せいたいけい》、食物連鎖《しょくもつれんさ》において、あるひとつの種《しゅ》の生物《せいぶつ》がいなくなるだけで、生態系全体《せいたいけいぜんたい》に多大《ただい》な影響《えいきょう》をおよぼす種《しゅ》のことです。

北太平洋岩礁潮間帯《きたたいへいようがんしょうちょうかんたい》のヒトデや、北太平洋沿岸《きたたいへいようえんがん》のラッコなどの例《れい》が有名《ゆうめい》です。

※キーストーン：建築物《けんちくぶつ》の構造上重要《こうぞうじょうじゅうよう》な部分《ぶぶん》で全体《ぜんたい》を支《ささ》える石《いし》をこう呼《よ》びます。日本《にほん》では要石《かなめいし》とも呼《よ》ばれます。

著者《ちょしゃ》プロフィール

原案《げんあん》：北澤功《きたざわいさお》
1966年生《ねんう》まれ。長野県出身《ながのけんしゅっしん》。獣医師《じゅういし》。長野市茶臼山動物園《ながのしちゃうすやまどうぶつえん》、長野市城山動物園《ながのしじょうやまどうぶつえん》などに勤務後《きんむご》、動物病院《どうぶつびょういん》を開院《かいいん》する。『獣医《じゅうい》さんだけが知《し》っている 動物園《どうぶつえん》のヒミツ 人気者《にんきもの》のホンネ』『似《に》ている動物《どうぶつ》「見分《みわ》け方《かた》」事典《じてん》』などの監修《かんしゅう》も手《て》がけている。

漫画《まんが》：ユカクマ
イラストレーター。漫画家《まんがか》。2002年度《ねんど》オンデマンドアワード、第一回販促《だいいっかいはんそく》デザイン大賞《たいしょう》・企業賞《きぎょうしょう》などを受賞《じゅしょう》。代表作《だいひょうさく》に『うちのダメわんこ ガウリン福《ふく》』がある。

作品紹介《さくひんしょうかい》

『思《おも》わずビックリ！どうぶつと獣医《じゅうい》さんの本当《ほんとう》にあった笑《わら》える物語《ものがたり》』
原案《げんあん》：北澤功《きたざわいさお》　漫画《まんが》：ユカクマ　発行《はっこう》：アスコム

思わずビックリ！
どうぶつと獣医さんの
本当にあった
笑える物語
原案・北澤功
漫画・ユカクマ
爆笑！コミックエッセイ
マンガでわかる！
動物の不思議な生態
家族みんなで楽しめる！

動物園勤務《どうぶつえんきんむ》を経《へ》て、動物病院《どうぶつびょういん》を開院《かいいん》した獣医師北澤功《じゅういしきたざわいさお》の実話《じつわ》をもとに、動物病院《どうぶつびょういん》や動物園《どうぶつえん》での獣医師《じゅういし》の活動《かつどう》を描《えが》いたコミックエッセイ。

獣医師《じゅういし》としての活動《かつどう》を通《とお》して、現代《げんだい》の動物《どうぶつ》がおかれた環境《かんきょう》や、ペットを中心《ちゅうしん》とした動物《どうぶつ》の習性《しゅうせい》と能力《のうりょく》について、多彩《たさい》な切《き》り口《くち》で紹介《しょうかい》している。

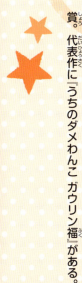

「クロとチン子《こ》の物語《ものがたり》を描《か》きはじめた つらかったけどその時《とき》の気持《きも》ちと エピソードを思《おも》い出《だ》し 思《おも》い出《だ》し」

杉作《すぎさく》は2匹《ひき》の猫《ねこ》と東京《とうきょう》で貧乏生活《びんぼうせいかつ》を続《つづ》けながら、漫画《まんが》を描《か》き続《つづ》けました。

2匹《ひき》の子猫《こねこ》チン子《こ》とクロは頭《あたま》のいい猫《ねこ》です。プロボクサーの杉作《すぎさく》のロードワークについて外《そと》に出《で》たとしても、2匹《ひき》だけでちゃんとアパートに帰《かえ》ってくるのです。

杉作《すぎさく》は目《め》のけがでボクシングができなくなったあともアルバイトをしながらチン子《こ》とクロといっしょに生活《せいかつ》していました。

チン子《こ》とクロは、杉作《すぎさく》の部屋《へや》と外《そと》の出入《でい》りが自由《じゆう》で、外《そと》の猫《ねこ》たちと交流《こうりゅう》がありました。チン子《こ》は避妊《ひにん》したため、子《こ》どもを増《ふ》やす心配《しんぱい》はなくなりました。しかし、それから猫嫌《ねこぎら》いになり、ほかの猫《ねこ》が近寄《ちかよ》ってくるとシャーと威嚇《いかく》し、外《そと》の猫《ねこ》たちに嫌《きら》われるようになってしまいました。

オス猫《ねこ》のクロは、チン子《こ》とくらべるとおとなしい猫《ねこ》でした。杉作《すぎさく》はオスのクロに自分《じぶん》を重《かさ》ね、ボクシングでチャンピオンになれなかった夢《ゆめ》をクロに託《たく》そうとします。そして、クロを外《そと》に出《だ》して、ボス猫《ねこ》にけしかけるのでした。

そのうちにクロは外《そと》に出《で》てけんかをして帰《かえ》ってくるようになります。けがして血《ち》を流《なが》しながら帰《かえ》ってくることもありました。

それでも、ついにボス猫《ねこ》を追《お》い出《だ》してクロはボスになったのでした。しかし、それも長《なが》くは続《つづ》きませんでした。クロはけんかが原因《げんいん》でエイズにかかってしまったのです。

杉作《すぎさく》はクロをけしかけたことを深《ふか》く後悔《こうかい》しました。猫嫌《ねこぎら》いになってしまったチン子《こ》のように、クロを去勢《きょせい》※したり、部屋《へや》の中《なか》に閉《と》じ込《こ》めて自由《じゆう》をうばいたくなかったのです。杉作《すぎさく》は病院《びょういん》にクロを連《つ》れて行《い》きましたが、とうとうクロは死《し》んでしまいます。

とても怖《こわ》い猫《ねこ》エイズ

猫《ねこ》エイズは、ネコ免疫不全《めんえきふぜん》ウィルスの感染《かんせん》によって引《ひ》きおこされ、いずれ死《し》に至《いた》る猫《ねこ》の病気《びょうき》です。感染後《かんせんご》、元気《げんき》になったように見《み》える無症状《むしょうじょう》キャリアの期間《きかん》は４～５年以上《ねんいじょう》あります。この期間《きかん》は、目立《めだ》った症状《しょうじょう》はありませんが、ほかの猫《ねこ》に感染《かんせん》させる可能性《かのうせい》があるため、注意《ちゅうい》が必要《ひつよう》です。感染《かんせん》の原因《げんいん》は様々《さまざま》ありますが、猫同士《ねこどうし》の喧嘩《けんか》が多《おお》いといいます。

猫《ねこ》エイズと人間《にんげん》のエイズはまったく別《べつ》のもので、猫《ねこ》エイズは人《ひと》には感染《かんせん》せず、人間《にんげん》のエイズは猫《ねこ》には感染《かんせん》しません。

※網膜裂孔《もうまくれっこう》：網膜《もうまく》に穴《あな》が開《あ》いたり亀裂《きれつ》が入《はい》ったりする症状《しょうじょう》のこと。網膜剥離《もうまくはくり》のおもな原因《げんいん》となる。
※去勢《きょせい》：動物《どうぶつ》の繁殖機能《はんしょくきのう》を持《も》つ部位《ぶい》を切《き》り取《と》って、子《こ》どもを作《つく》れなくすること。

猫《ねこ》なんかよんでもこない。

杉作《すぎさく》はチン子といっしょに貧乏暮《びんぼうぐ》らしを続《つづ》けながら、漫画《まんが》を描《か》いて投稿《とうこう》するようになりました。そして5年後《ねんご》、大手出版社《おおてしゅっぱんしゃ》の漫画賞《まんがしょう》を取《と》ったのです。

漫画家《まんがか》になった杉作《すぎさく》は、メス猫《ねこ》のポコを拾《ひろ》い、やさしい女性《じょせい》と結婚《けっこん》し、そして子《こ》どもができました。そのころには、チン子《こ》はすっかりお婆《ばあ》さん猫《ねこ》になっていました。チン子《こ》は腎臓病《じんぞうびょう》にかかり、弱《よわ》っていき、18歳《さい》で死《し》にました。

杉作《すぎさく》はチン子《こ》の死《し》をとても悲《かな》しみ、出版社《しゅっぱんしゃ》の編集《へんしゅう》さんから持《も》ちかけられたクロとチン子《こ》とポコの漫画《まんが》を描《か》けずに筆《ふで》が止《と》まってしまいました。でも、クロやチン子《こ》のことを思《おも》い出《だ》してやることが供養《くよう》になると考《かんが》えなおしました。

「クロとチン子《こ》の物語《ものがたり》を描《えが》きはじめた　つらかったけどその時《とき》の気持《きも》ちとエピソードを思《おも》い出《だ》し　思《おも》い出《だ》し」

こうして描《えが》かれた漫画《まんが》が『猫《ねこ》なんかよんでもこない。』です。このお話《はなし》は大《だい》ヒットして映画《えいが》になり、アニメにもなりました。天国《てんごく》のクロとチン子《こ》が力《ちから》を貸《か》してくれたんじゃないかと杉作《すぎさく》は思《おも》うのでした。

▶クロとチン子《こ》が来《き》た日《ひ》、いっしょに過《す》ごした楽《たの》しい日々《ひび》が漫画《まんが》の中《なか》によみがえってきました。

著者《ちょしゃ》プロフィール

杉作《すぎさく》
元《もと》ボクシング選手《せんしゅ》。漫画家《まんがか》。『イモウトヨ』で青木雄二《あおきゆうじ》賞《しょう》を受賞《じゅしょう》。『猫《ねこ》なんかよんでもこない。』ほか著書多数《ちょしょたすう》。

作品紹介《さくひんしょうかい》

『猫《ねこ》なんかよんでもこない。』
著《ちょ》：杉作《すぎさく》　発行《はっこう》：実業之日本社《じつぎょうのにほんしゃ》

兄《あに》は漫画家《まんがか》、本作《ほんさく》の著者《ちょしゃ》である弟《おとうと》の杉作《すぎさく》は、兄《あに》のアシスタントをしながらボクシングに青春《せいしゅん》をかけて生活《せいかつ》していた。

そんなある日《ひ》、兄《あに》は2匹《ひき》の子猫《こねこ》「クロ」と「チン子《こ》」を拾《ひろ》ってくる。杉作《すぎさく》は兄《あに》のアパートで居候《いそうろう》をして猫《ねこ》の世話係《せわがかり》を始《はじ》めるが、子猫《こねこ》のクロとチン子《こ》は元気《げんき》に部屋《へや》の中《なか》をかけまわって、杉作《すぎさく》をいつも困《こま》らせていた。

杉作《すぎさく》はボクシングの試合《しあい》で網膜裂孔《もうまくれっこう》※をおこし、ドクターストップで突如引退《とつじょいんたい》することになってしまう。さらに兄《あに》は、結婚《けっこん》を決《き》めて郷里《きょうり》に帰《かえ》ってしまった。杉作《すぎさく》はクロとチン子《こ》との生活《せいかつ》を始《はじ》め、やがて2匹《ひき》をモデルに漫画《まんが》を描《か》き始《はじ》めるのだった。

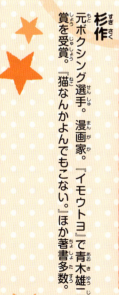

花《はな》の大江戸《おおえど》、「草双紙《くさそうし》」の猫《ねこ》の擬人化挿絵《ぎじんかさしえ》で大《だい》ヒットした歌川国芳《うたがわくによし》

「朧月猫《おぼろづきねこ》の草紙《そうし》」 山東京山《さんとうきょうざん》作《さく》 歌川国芳《うたがわくによし》画《が》

猫《ねこ》を題材《だいざい》にした漫画《まんが》は今《いま》でも大人気《だいにんき》です。猫《ねこ》を擬人化《ぎじんか》したり、猫《ねこ》の社会《しゃかい》で猫《ねこ》が人間《にんげん》のようにふるまったりすることもめずらしくありません。それでは、そんな漫画《まんが》はいつごろから描《えが》かれていたのでしょうか?

江戸時代《えどじだい》に猫《ねこ》を描《か》かせたらこの人《ひと》しかいないという浮世絵師《うきよえし》がいました。歌川国芳《うたがわくによし》です。

彼《かれ》は若《わか》いころから絵師《えし》をしていましたが、パッとせず、兄弟子《あにでし》の国直《くにただ》のところに居候《いそうろう》し、仕事《しごと》も少《すく》なく大好《だいす》きな猫《ねこ》を飼《か》うどころではなかったほど貧乏《びんぼう》だったようです。

その彼《かれ》が「水滸伝《すいこでん》」を描《えが》いて一躍世間《いちやくせけん》に認《みと》められるようになります。そのころから彼《かれ》の作品《さくひん》の中《なか》に、大好《だいす》きな猫《ねこ》が登場《とうじょう》してくるようになります。

代表作《だいひょうさく》と言《い》われる「朧月猫《おぼろづきねこ》の草紙《そうし》」は、山東京山《さんとうきょうざん》が文章《ぶんしょう》を書《か》き、国芳《くによし》が絵《え》を描《か》いた作品《さくひん》でした。国芳《くによし》が46歳《さい》のときの労作《ろうさく》です。

物語《ものがたり》はカツオブシ問屋《とんや》「又《また》たびや」のとらえもんという大金持《おおがねも》ちのうちに飼《か》われていたコマという雌《おす》ネコが、あちこちに行《い》き、いろいろな目《め》にあう波乱万丈《はらんばんじょう》な物語《ものがたり》です。

物語《ものがたり》の中《なか》でコマは猫《ねこ》から擬人化《ぎじんか》されて描《えが》かれています。最近《さいきん》の漫画《まんが》では擬人化《ぎじんか》した猫《ねこ》はめずらしくないですが、国芳《くによし》は今《いま》から約《やく》190年前《ねんまえ》に、それを描《えが》いた漫画家《まんがか》と言《い》えます。

代表作《だいひょうさく》は『猫飼好五十三疋《みょうかいこうごじゅうさんびき》』上中下《じょうちゅうげ》『鼠《ねずみ》よけの猫《ねこ》』『猫《ねこ》の当字《あてじ》』など猫《ねこ》ものが目立《めだ》ちます。

▶「流行猫《はやりねこ》の曲手《きょくて》まり」
江戸《えど》の人気《にんき》曲芸師《きょくげいし》である菊川国丸《きくかわくにまる》の曲芸《きょくげい》を模《も》した猫《ねこ》の曲芸姿《きょくげいすがた》が描《えが》かれている。

▶「朧月猫《おぼろづきねこ》の草紙《そうし》」表紙絵《ひょうしえ》
本文《ほんぶん》は白黒《しろくろ》だが、表紙《ひょうし》はきらびやかな色合《いろあい》だった。桜咲《さくらさ》きほこる町《まち》の屋根《やね》の上《うえ》で、ヒロインが恋《こい》する相手《あいて》と出会《であ》うシーンが描《えが》かれている。

▲「其《そ》のまま地口猫飼好五十三疋《じぐちみょうかいこうごじゅうさんびき》」
国芳《くによし》の代表作《だいひょうさく》のひとつ。東海道五十三次《とうかいどうごじゅうさんつぎ》の宿場町《しゅくばまち》の名前《なまえ》と猫《ねこ》のしぐさを洒落《しゃれ》で語呂合《ごろあ》わせした絵《え》。猫《ねこ》のしぐさに江戸庶民《えどしょみん》の暮《く》らしが感《かん》じられます。

※地口《じぐち》：語呂合《ごろあ》わせのこと。

国芳《くによし》は外出《がいしゅつ》するとき、いつも2、3匹《ひき》の子《こ》猫《ねこ》を懐《ふところ》に入《い》れて、出《で》かけたと言《い》います。

その後《ご》、『雪梅芳譚《せつばいほうたん》 犬《いぬ》の草紙《そうし》』が発売《はつばい》されました。猫《ねこ》ものが擬人化《ぎじんか》だったのに、犬《いぬ》ものは『南総里見八犬伝《なんそうさとみはっけんでん》』をベースにした作《つく》りでした。タイトルをこうしたのは猫《ねこ》の草双紙《くさぞうし》にあやかって、犬《いぬ》でもヒットをねらったのでしょう。

草双紙《くさぞうし》の種類《しゅるい》

草《くさ》は簡単《かんたん》なという意味《いみ》。双紙《そうし》は絵入《えい》りの読《よ》みものという意味《いみ》です。明治以降《めいじいこう》は絵物語《えものがたり》と呼《よ》ばれています。

赤本《あかほん》、黒本《くろほん》、黄表紙《きびょうし》、合巻《ごうかん》などがあります。それぞれが本《ほん》の表紙《ひょうし》の色《いろ》からつけられた名前《なまえ》です。

江戸《えど》の方《ほう》が本《ほん》の挿絵《さしえ》の比率《ひりつ》が多《おお》く、関西《かんさい》では文字《もじ》が多《おお》かったのです。赤本《あかほん》は子《こ》ども向《む》けの昔話《むかしばなし》がよく描《えが》かれています。黒本《くろほん》には歌舞伎《かぶき》、浄瑠璃《じょうるり》、江戸《えど》の噂《うわさ》を風刺《ふうし》した内容《ないよう》がよく描《えが》かれています。黄表紙《きびょうし》は、しゃれ、おかしさなど軽《かる》い内容《ないよう》の本《ほん》でした。それらを何冊《なんさつ》かまとめたのが合巻《ごうかん》と呼《よ》ばれました。

●動物編参考文献
『江戸猫 浮世絵 猫づくし』(発行:東京書籍)
『江戸挿絵文庫第一巻　猫物語』(すばるの絵文庫　発行:すばる書房)
『朧月猫の草紙』(発行:河出書房新社)
『マイケル教えて!被災猫応援の教科書』(発行:講談社)
『ネコに遊んでもらう本』(発行:河出書房新社)

監修　宮川総一郎
1957年生まれ。日本出版美術家連盟所属。マンガジャパン所属。執筆書籍には研究書『松本零士　創作ノート』(KKベストセラーズ)、『松本零士が教えてくれた人生の一言』(クイン出版)集英社手塚赤塚賞受賞。学研「学習」でデビュー。漫画作品には『マネーウォーズ』『金融のマジシャン』(集英社)『兜町ウォーズ』(日本文芸社)ほか多数。

漫画から学ぶ生きる力　動物編

発行日 2017年 3月31日 初版第1刷発行

●監修　宮川総一郎
●企画／製作　スタジオ・ハードデラックス
●編集製作　オペラハウス
●デザイン　スタジオ・ハードデラックス

発行者　高橋信幸
発行所　株式会社ほるぷ出版
〒169-0051　東京都新宿区西早稲田2-20-9
Tel　03-5291-6781　FAX　03-5291-6782　http://www.holp-pub.co.jp
印刷・製本　シナノ印刷株式会社

ISBN978-4-593-58741-4 NDC370 48P　29.7×21cm